어린이를 위한 채근담 따라쓰기

HRS 학습센터 기획·엮음

루돌프

채근담은 어떤 책일까?

《채근담》은 중국 명나라 사람 홍자성이 쓴 책으로 인생의 참뜻과 지혜로운 삶의 자세를 알려주는 책입니다. 이 책의 지은이는 명나라 말기의 학자로만 알려져 있습니다. 그 당시 명나라는 무능하고 부패한 정치인과 바닥난 국고로 백성이 고통받는 혼란의 시기였습니다. 지은이는 그런 세상이 싫어 참다운 사람의 길을 찾아 나섰습니다. 마침내 그는 인생의 참된 뜻과 지혜로운 삶의 방식을 찾아내 이 책에 담았습니다. 총 2권으로 집필했는데 1권에는 사람들과 좋은 관계로 지내는 방법에 관해 썼고, 2권에는 자연과 함께 사는 즐거움을 소개했습니다.

평범한 것을 즐겁게 여기고 세상을 살아가다 보면 어려운 일도 덤덤하게 극복할 수 있다는 깨달음이 이 책에 담겨 있습니다. 여러분도 이 책을 읽으면서 담담하고 평범한 것을 즐겁게 여기고 원만하게 세상을 살아가는 법을 배워보세요.

인간은 태어나면서부터 부모, 형제자매와 관계를 맺고 이후 자라면서 수많은 사람을 만나서 새로운 관계를 맺지요. 《채근담》은 사람들과 관계를 맺을 때 상황에 따라 어떤 마음가짐과 행동을 취해야 하는지 알려주어서 지혜로운 사람으로 성장하게 합니다. 그래서 이 책은 어릴 때 읽어도 좋고, 어른이 되어 옛 선현의 삶의 지혜를 깨닫고 싶을 때 다시 읽어도 좋지요.

한 번 읽어서는 무슨 뜻인지 이해하기 어려울 수도 있습니다. 눈으로 보고, 입으로 읽고, 손으로 따라 쓰면서 여러 번 뜻을 되새기다 보면 옛사람들의 지혜로운 가르침을 이해할 수 있을 거예요. 매일매일 꾸준히 따라 쓰면서 몸과 마음을 깨끗하게 닦아 보세요.

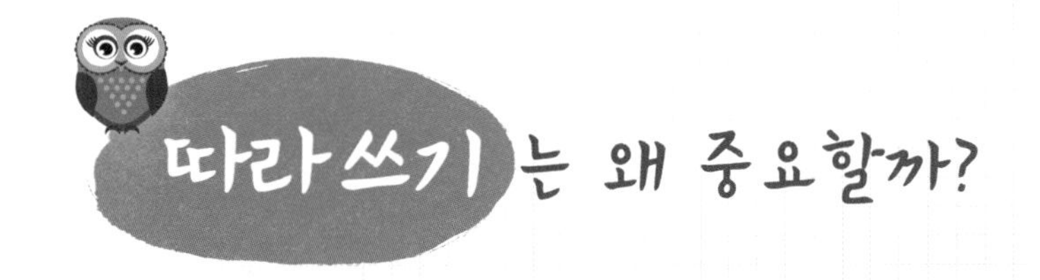

따라쓰기, 베껴쓰기는 '필사'라고도 해요. 필사의 역사는 매우 오래되었답니다. 오래 전에는 책을 만들려면 필사를 해야 했어요. 책 한 권을 두고 여러 사람이 베껴 써서 다른 한 권의 책을 만들었으니까요.

하지만 최근에는 필사를 하는 이유가 책을 만들기 위해서는 아니에요. 그렇다면 왜 책을 베껴 쓰는 것일까요? 그것은 몇 가지 이유가 있답니다.

첫 번째로, 책을 따라 쓰면 그 책의 내용을 자세히 그리고 정확히 알 수 있어요.

요즘처럼 컴퓨터 키보드로 입력하거나 눈으로 후루룩 읽으면 그 당시에는 다 아는 것 같아도 금방 잊혀지고 말아요. 그러나 책의 내용을 눈으로 보면서 손으로는 따라 쓰고, 입으로는 소리 내어 읽으면 책의 내용을 훨씬 더 자세히 익힐 수 있어요. 작가가 어떤 이유로, 어떤 마음으로 책을 썼는지 파악할 수 있는 힘도 기를 수 있지요. 그러니까 책을 따라 쓴다는 것은 꼼꼼히 읽는 또 다른 방법이라고 할 수 있어요.

두 번째로, 책을 따라 쓰면 손끝을 자극하기 때문에 뇌 발달에 도움이 되어요.

손은 우리 뇌와 가장 밀접하게 연결되어 있어요. 손을 많이 움직이고, 정교하게 움직이면 뇌에 자극을 주기 때문에 뇌의 운동이 활발해지지요. 글을 쓰는 것은 손을 가장 잘 움직일 수 있는 방법 가운데 하나예요. 그렇기 때문에 따라쓰기를 통해 뇌의 근육을 키워 머리가 좋아질 수 있지요.

세 번째로, 책을 한 줄 한 줄 따라 쓰다 보면 정서를 풍부하게 해주어요.

한자리에 앉아서 한 자, 한 자 정성 들여 옮겨 쓴다는 것은 절대 쉬운 일이 아니에요. 특히 여러 가지 전자기기 때문에 인내심이 사라진 요즘에는 좀이 쑤시는 일일 수도 있어요. 하지만 처음에는 조금 힘들어도 따라쓰기에 취미를 붙이면 어느새 마음도 차분해지고, 감성도 풍부해지고 글을 즐길 수 있는 마음의 여유도 생긴답니다.

바로 이런 이유 때문에 지금도 필사의 중요성은 계속되고 있지요. 여러분도 이 책을 통해 따라쓰기, 베껴쓰기의 중요성과 즐거움을 알게 되었으면 좋겠네요.

자, 이제부터 옛 사람들의 말씀에 귀를 기울이며 따라쓰기를 시작해 보세요!

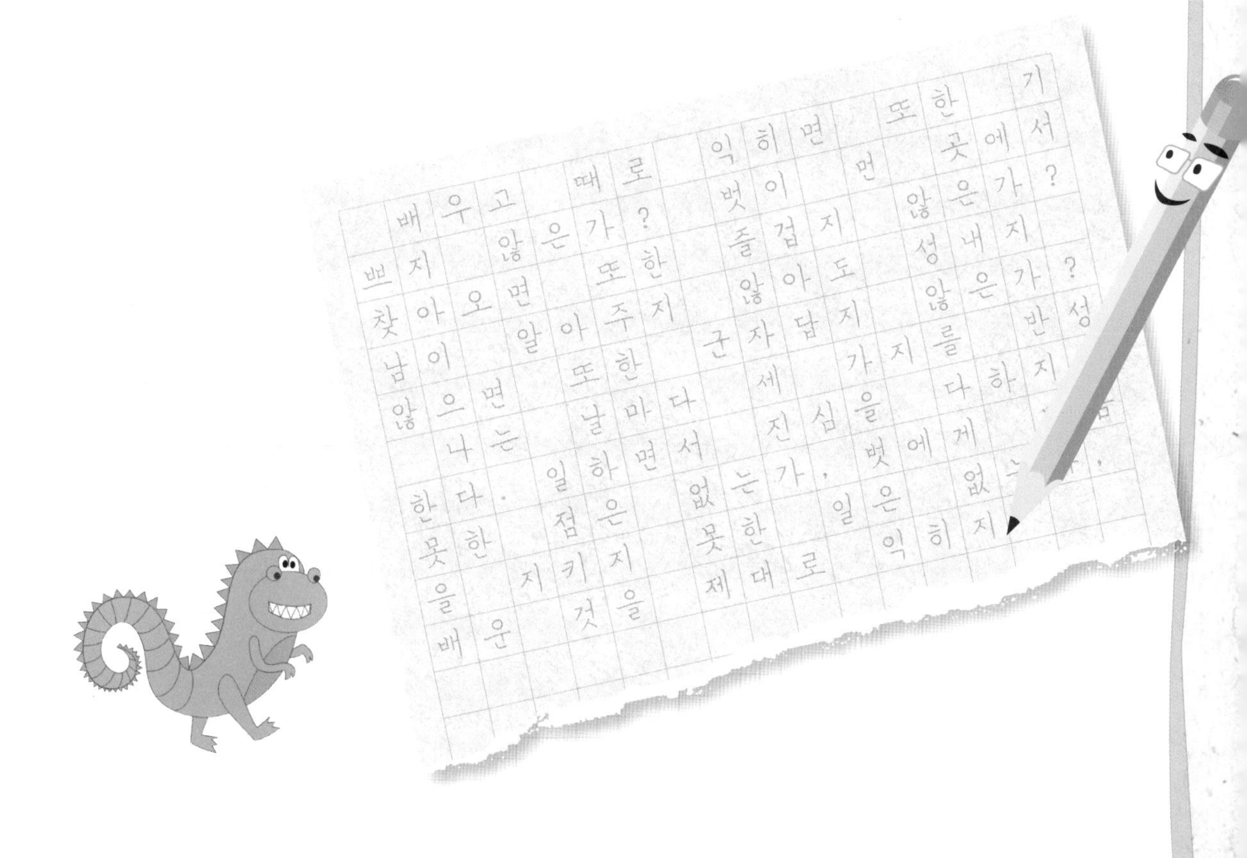

01 하루에 하나씩 함께 써 봐요!

월 일

도덕을 지키며 살아가는 사람은 때로 쓸쓸하지만, 권력에 의지하고 아부하는 사람은 늘 불쌍하고 처량하다.

예문을 따라 한 자 한 자 예쁘게 써 보세요.

	도	덕	을		지	키	며		살	아	가	는		사	람
은		때	로		쓸	쓸	하	지	만	,	권	력	에		의
지	하	고		아	부	하	는		사	람	은		늘		불
쌍	하	고		처	량	하	다	.							

직접 써 보세요.

권력은 한때 좋아 보이지만 결국은 사라지고 마는 것이에요.
도덕을 지키며 양심적으로 산다면 마음이 더 풍요로울 거예요.

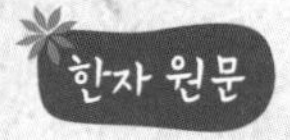

棲守道德者 寂寞一時 依阿權勢者 凄凉萬古
서수도덕자 적막일시 의아권세자 처량만고

02 하루에 하나씩 함께 써 봐요!

귀에 거슬리는 말을 듣고 마음대로 되지 않는 일을 겪어봐야, 덕을 쌓고 바른 행동을 할 수 있다.

 예문을 따라 한 자 한 자 예쁘게 따라 써 보세요.

 직접 써 보세요.

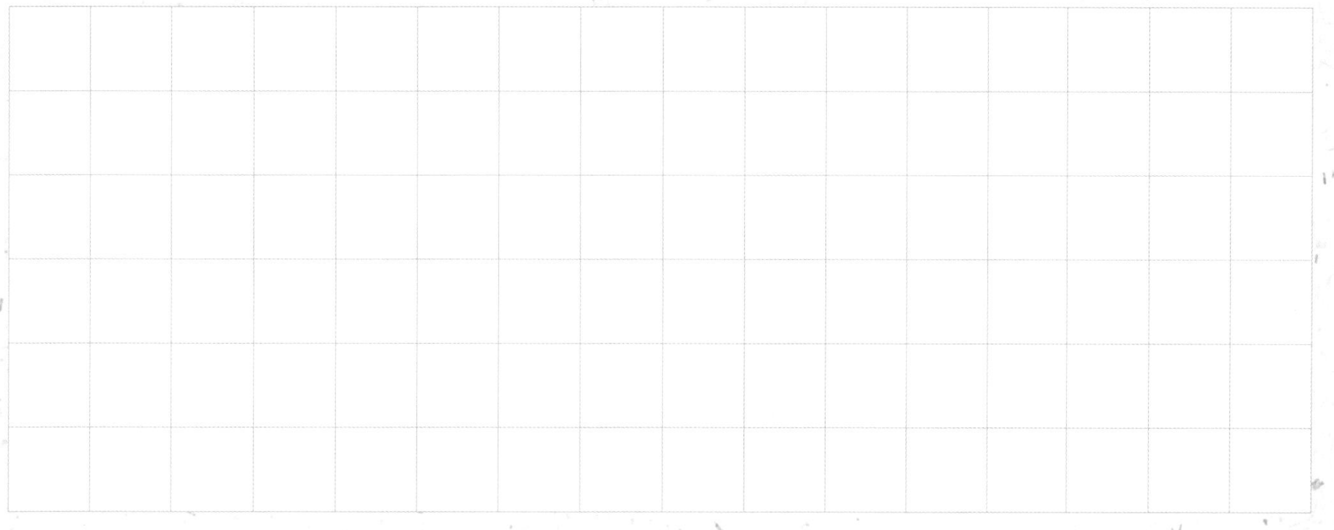

듣기 싫은 말일수록 나에게 도움이 되는 것일 수 있어요.
오늘 엄마가 어떤 말씀을 하셨는지 한 번 생각해보세요.

耳中 常聞逆耳之言 心中 常有拂心之事 纔是進德修行的砥石
시중 상문역이지언 심중 상유불심지사 재시진덕수행적지석

03 하루에 하나씩 함께 써 봐요!

좁은 길에서는 한 걸음 물러서 다른 사람들을 먼저 가게하고, 맛있는 음식은 조금 덜어 다른 사람에게 맛보여라.

예문을 따라 한 자 한 자 예쁘게 써 보세요.

	좁	은		길	에	서	는		한		걸	음		물	러
서		다	른		사	람	들	을		먼	저		가	게	하
고	,	맛	있	는		음	식	은		조	금		덜	어	
다	른		사	람	에	게		맛	보	여	라	.			

직접 써 보세요.

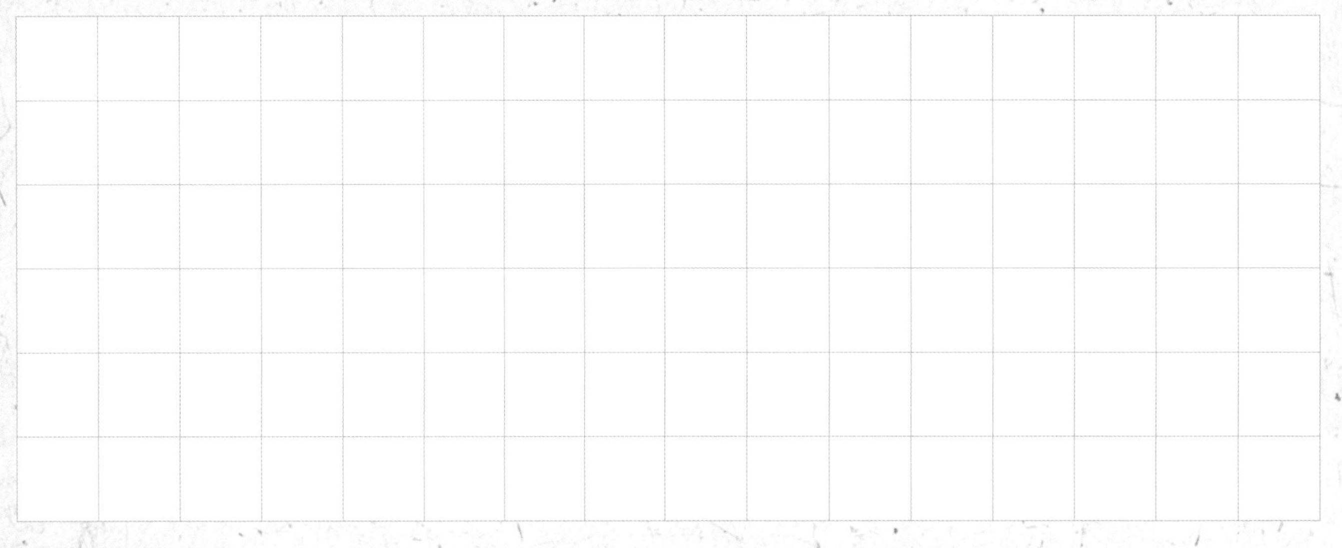

여러분은 양보를 잘 하나요? 남을 배려하는 마음을 지닌다면
편안하고 행복한 마음을 느낄 수 있을 거예요.

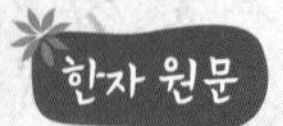

徑路窄處 留一步 與人行 滋味濃的 減三分 讓人嗜
경로착처 유일보 여인행 자미농적 감삼분 양인기

좋은 친구를 사귈 때는 반드시 의협심을 지녀야 하고, 훌륭한 사람이 되기 위해서는 순결한 마음을 가져야 한다.

예문을 따라 한 자 한 자 예쁘게 써 보세요.

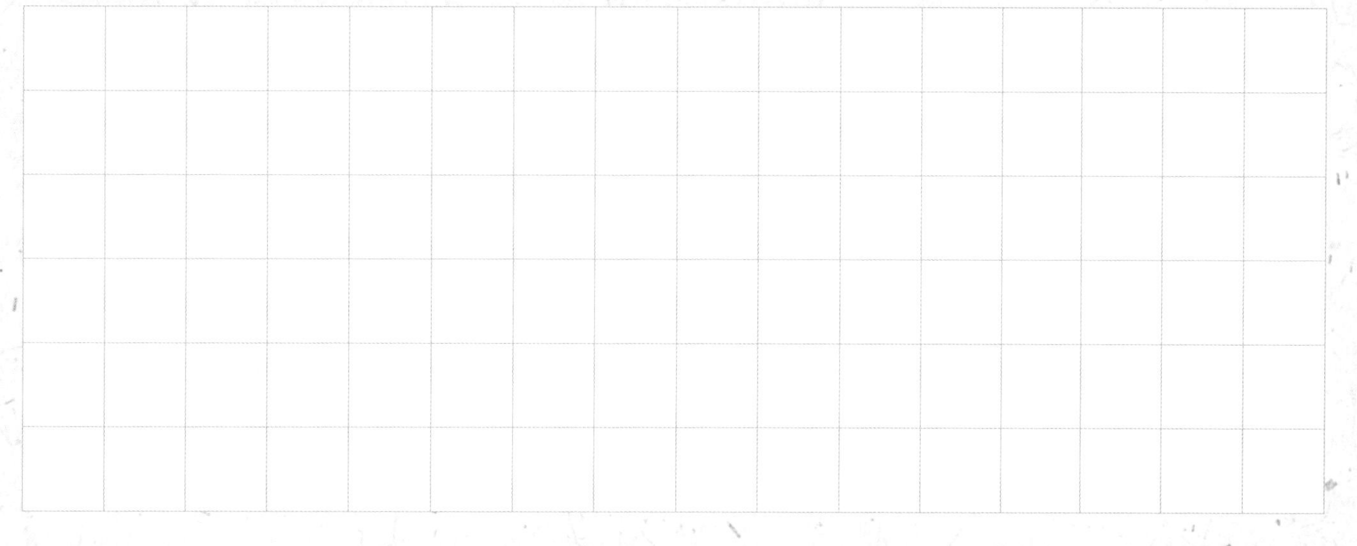

직접 써 보세요.

나의 아픔과 즐거움을 모두 함께 나눌 수 있는 진정한 친구를 만드는 것은 인생에서 정말 중요한 일이에요. 여러분에게는 진정한 친구가 있나요?

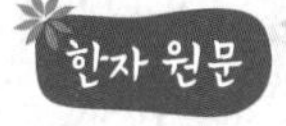

交友 須帶三分俠氣 作人 要存一點素心
교우 수대삼분협기 작인 요존일점소심

05 하루에 하나씩 함께 써 봐요!

월 일

굼벵이는 더러우나 매미로 변해 맑은 이슬을 마시고, 썩은 풀은 빛이 없지만 반딧불로 변해 밝은 빛을 발한다.

예문을 따라 한 자 한 자 예쁘게 써 보세요.

	굼	벵	이	는		더	러	우	나		매	미	로		변
해		맑	은		이	슬	을		마	시	고	,	썩	은	
풀	은		빛	이		없	지	만		반	딧	불	로		변
해		밝	은		빛	을		발	한	다	.				

직접 써 보세요.

지금 눈에 보이는 것이 전부가 아니에요. 깨끗함은 더러움에서 나오고, 밝음은 어둠에서 나오기도 한답니다.

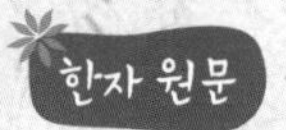

糞蟲至穢 變爲蟬而飮露秋風 腐草無光 化爲螢而耀采於夏月
분충지예 변위선이음로추풍 부초무광 화위형이요채어하월

근심하고 부지런히 일하는 것은 훌륭한 일이나, 너무 지나치게 힘을 다하면 마음을 편하고 즐겁게 할 수 없다.

예문을 따라 한 자 한 자 예쁘게 써 보세요.

직접 써 보세요.

아직 일어나지 않은 일을 걱정하고 있지는 않나요? 지나치게 걱정만 하다 보면 건강에 해로울 수도 있답니다.

憂勤 是美德 太苦則無以適性怡情
우근 시미덕 태고즉무이적성이정

07 하루에 하나씩 함께 써 봐요!

월 일

총명한 사람은 그 재능을 깊이 간직해야 하는데 오히려 과시하면 총명하면서도 우매하게 그 병폐를 벗어나지 못하니 어찌 실패하지 않겠는가?

예문을 따라 한 자 한 자 예쁘게 써 보세요.

	총	명	한		사	람	은		그		재	능	을		깊
이		간	직	해	야		하	는	데		오	히	려		과
시	하	면		총	명	하	면	서	도		우	매	하	게	
그		병	폐	를		벗	어	나	지		못	하	니		어
찌		실	패	하	지		않	겠	는	가	?				

직접 써 보세요.

'벼는 익을수록 고개를 숙인다'는 속담이 있는 것처럼 재능이 많을수록 잘난 체하지 않고 겸손한 자세를 가져야 합니다.

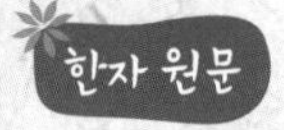

聰明人宜斂藏 而反炫耀 是聰明而愚懵其病矣 如何不敗
총명인의염장 이반현요 시총명이우몽기병의 여하불패

사람의 마음은 쉽게 변하고 세상은 험난하다. 가다가 힘든 곳에서는 한 걸음 물러서고 편한 곳에서는 남에게 조금 양보하는 미덕을 쌓아야 한다.

예문을 따라 한 자 한 자 예쁘게 써 보세요.

	사	람	의		마	음	은		쉽	게		변	하	고	
세	상	은		험	난	하	다	.	가	다	가		힘	든	
곳	에	서	는		한		걸	음		물	러	서	고		편
한		곳	에	서	는		남	에	게		조	금		양	보
하	는		미	덕	을		쌓	아	야		한	다	.		

직접 써 보세요.

살다 보면 어려운 순간을 만날 수 있습니다. 그때마다 한 박자 쉬어가며 양보한다면 오히려 일이 쉽게 풀릴 수 있답니다.

한자 원문

人情反復(인정반복) 世路崎嶇(세로기구) 行不去處(행불거처) 須知退一步之法(수지퇴일보지법) 行得去處(행득거처) 務加讓三分之功(무가양삼분지공)

09 하루에 하나씩 함께 써 봐요!

월 일

욕망에 관한 일은 그 이로움을 즐기면 안 되니, 한 번 즐기면 곧 깊은 구렁텅이로 빠지게 된다.

예문을 따라 한 자 한 자 예쁘게 써 보세요.

	욕	망	에		관	한		일	은		그		이	로	움
을		즐	기	면		안		되	니	,	한		번		즐
기	면		곧		깊	은		구	렁	텅	이	로		빠	지
게		된	다	.											

직접 써 보세요.

욕심에는 끝이 없답니다. 욕심내지 않고 내가 가진 것에 만족할 줄 아는 삶의 자세가 필요해요.

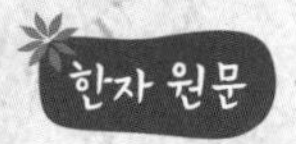

欲路上事 毋樂其便而姑爲染指 一染指 便深入萬仞
욕로상사 무락기편이고위염지 일염지 변심입만인

10 하루에 하나씩 함께 써 봐요!

월 일

공부하는 사람은 정신을 한 곳에 집중해야 한다. 책을 읽으며 놀이에 흥미를 두면 마음 깊이 느끼지 못하게 된다.

예문을 따라 한 자 한 자 예쁘게 써 보세요.

	공	부	하	는		사	람	은		정	신	을		한	
곳	에		집	중	해	야		한	다	.	책	을		읽	으
며		놀	이	에		흥	미	를		두	면		마	음	
깊	이		느	끼	지		못	하	게		된	다	.		

직접 써 보세요.

공부를 하는 목적이 배움이 아니라 다른 곳에 있다면 그것은 진정한 공부라고 볼 수 없어요. 여러분은 왜 공부를 하나요?

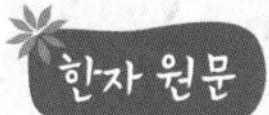

學者要收拾精神 倂歸一路 讀書而寄興於吟咏風雅 定不深心
학자요수습정신 병귀일로 독서이기흥어음영풍아 정불심심

11 하루에 하나씩 함께 써 봐요!

월 일

착한 사람은 평소 언행이 침착하며 잠잘 때도 온화하다.

예문을 따라 한 자 한 자 예쁘게 써 보세요.

	착	한		사	람	은		평	소		언	행	이		침
착	하	며		잠	잘		때	도		온	화	하	다	.	

직접 써 보세요.

마음이 착하면 정신에도 좋은 기운이 있지만 못 된 마음을 품으면 생김새도 사나워져요.
여러분의 마음가짐은 어떤가요?

한자 원문 吉人 無論作用安祥 卽夢寐神魂 無非和氣
길인 무론작용안상 즉몽매신혼 무비화기

12 하루에 하나씩 함께 써 봐요!

내가 남에게 잘해준 일은 마음에 새겨선 안 되고, 잘못한 일은 기억해야 한다.

 예문을 따라 한 자 한 자 예쁘게 써 보세요.

	내	가		남	에	게		잘	해	준		일	은		마
음	에		새	겨	선		안		되	고	,	잘	못	한	
일	은		기	억	해	야		한	다	.					

 직접 써 보세요.

다른 사람에게 잘해준 일을 기억하고 생색내기보다는 다른 사람이 나에게 잘해준 일을 기억하고 또 다른 사람에게 베풀 줄 아는 마음을 지녀야 해요.

我有功於人 不可念 而過則不可不念
아 유 공 어 인 불 가 념 이 과 즉 불 가 불 념

13 하루에 하나씩 함께 써 봐요!

월 일

남을 도와주면서 자신이 베푼 것을 계산하고 받을 것을 따진다면, 비록 그것이 천금일지라도 공덕이 되지 못한다.

 예문을 따라 한 자 한 자 예쁘게 써 보세요.

	남	을		도	와	주	면	서		자	신	이		베	푼
것	을		계	산	하	고		받	을		것	을		따	진
다	면	,	비	록		그	것	이		천	금	일	지	라	도
공	덕	이		되	지		못	한	다	.					

 직접 써 보세요.

대가를 바라지 않고 친구를 도와줘 보세요. 도움을 받는 친구보다 도움을 주는 자신이 훨씬 더 기쁘다는 걸 알게 될 거예요.

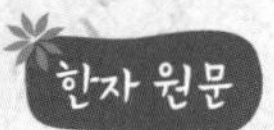

利物者 計己之施 責人之報 雖百鎰 難成一文之功
이물자 계기지시 책인지보 수백일 난성일문지공

사치스러운 사람은 부유해도 만족을 느끼지 못하니, 검소한 사람이 가난하면서 여유 있는 것만 못하다.

예문을 따라 한 자 한 자 예쁘게 써 보세요.

	사	치	스	러	운		사	람	은		부	유	해	도	
만	족	을		느	끼	지		못	하	니	,	검	소	한	
사	람	이		가	난	하	면	서		여	유		있	는	
것	만		못	하	다.										

직접 써 보세요.

돈이 많은 사람보다 마음이 부자인 사람이 진짜 부자라는 말이 있어요.
물질적인 것에 욕심을 내기보다 마음이 여유로운 사람이 될 수 있도록 노력해보세요.

奢者 富而不足 何如儉者貧而有餘
사자 부이부족 하여검자빈이유여

15 하루에 하나씩 함께 써 봐요!

월 일

벼슬에 있으며 백성을 사랑하지 않으면 그는 의관을 입은 도둑일 뿐이다.

예문을 따라 한 자 한 자 예쁘게 써 보세요.

벼슬에 있으며 백성을 사랑하지 않으면 그는 의관을 입은 도둑일 뿐이다.

직접 써 보세요.

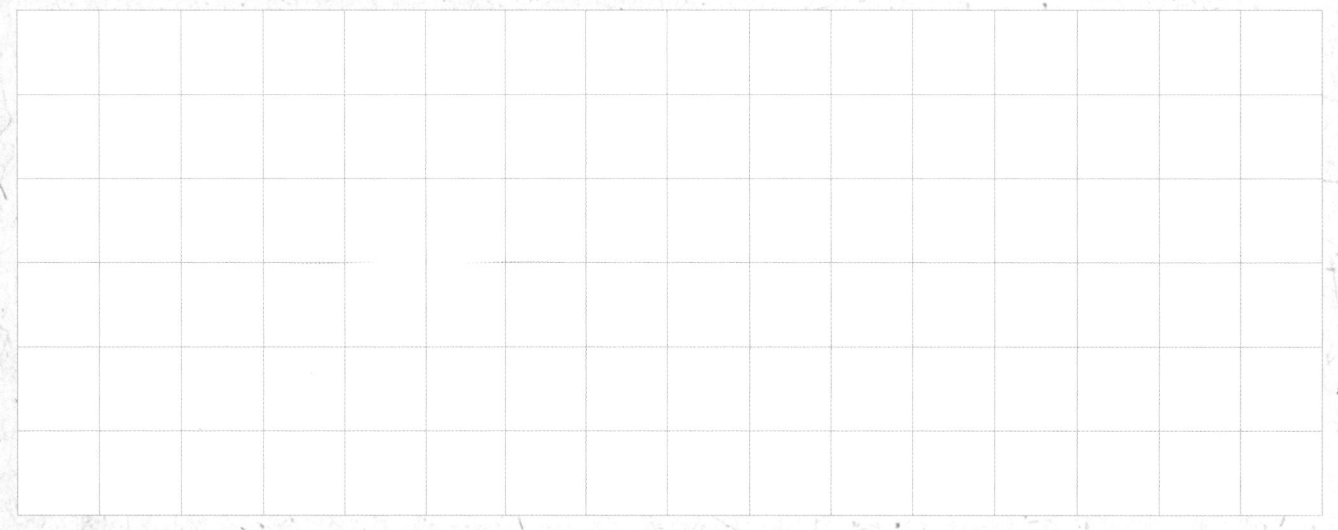

권력을 가진 사람이 되었다면 국민과 나라를 생각하는 마음으로 일을 해야 한다는 뜻입니다.

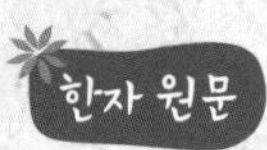

居官 不愛子民 爲衣冠盜
거관 불애자민 위의관도

학문을 하며 실천하지 않으면 입으로만 선을 읊조릴 뿐이고, 큰일을 계획하며 덕을 베풀지 않으면 눈앞에서 피고 지는 한때의 꽃일 뿐이다.

예문을 따라 한 자 한 자 예쁘게 써 보세요.

직접 써 보세요.

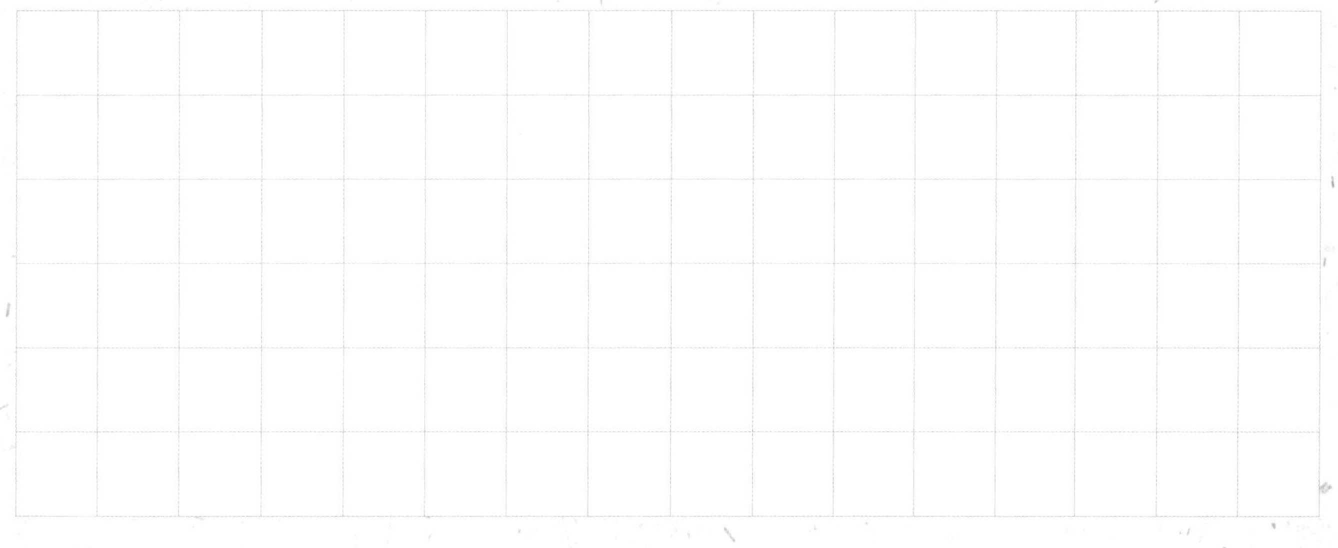

배움보다는 실천이 중요하고 실천을 할 때는 남에게 베풀며 해야 한다는 뜻입니다. 항상 남을 생각하는 자세를 가져보세요.

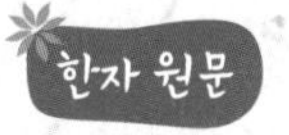

講學 不尙躬行 爲口頭禪 立業 不思種德 爲眼前花
강학 불상궁행 위구두선 입업 불사종덕 위안전화

17 하루에 하나씩 함께 써 봐요!

월 일

고심하는 가운데 늘 마음을 기쁘게 하는 일이 생기고, 뜻대로 일이 잘 풀리는 가운데 곧 실의의 슬픔이 생겨난다.

예문을 따라 한 자 한 자 예쁘게 써 보세요.

고심하는 가운데 늘 마음을 기쁘게 하는 일이 생기고, 뜻대로 일이 잘 풀리는 가운데 곧 실의의 슬픔이 생겨난다.

직접 써 보세요.

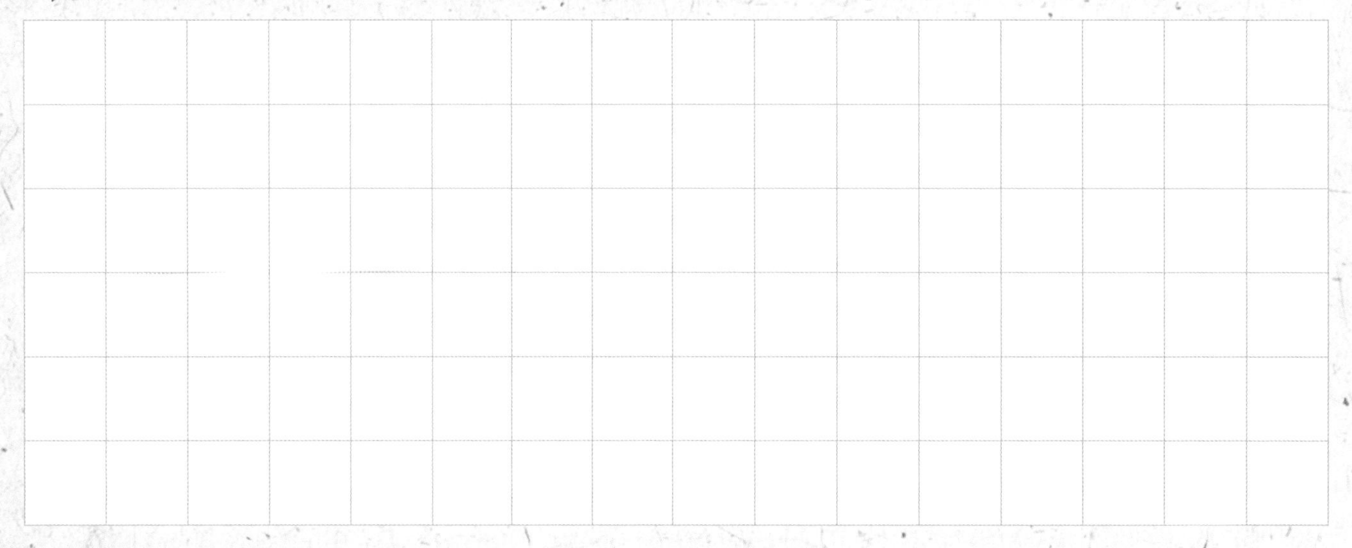

기쁨은 슬픔이 되기도 하고, 슬픔이 기쁨을 가져다주기도 한다는 뜻의 '새옹지마'라는 사자성어가 있어요. 위의 말을 따라쓰며 '새옹지마'의 뜻도 함께 찾아보아요.

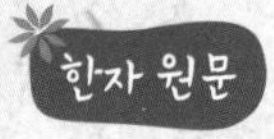

苦心中 常得悅心之趣 得意時 便生失意之悲
고심중 상득열심지취 득의시 변생실의지비

마음이 맑고 밝으면 어두운 방 안에 있어도 푸른 하늘이 있는 것 같고, 생각이 어둡고 어리석으면 밝은 태양 아래서도 악마의 마음이 생겨난다.

예문을 따라 한 자 한 자 예쁘게 써 보세요.

직접 써 보세요.

내 마음가짐에 따라 어둠이 올 수도, 햇빛이 밝게 비추는 세상이 될 수도 있다는 뜻이에요. 항상 밝은 마음을 가지도록 노력해보세요.

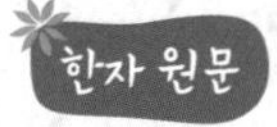

心體光明 暗室中有靑天 念頭暗昧 白日下生厲鬼
심체광명 암실중유청천 염두암매 백일하생여귀

19 하루에 하나씩 함께 써 봐요!

월 일

사람들은 명예와 지위를 좋은 것으로만 알고 명예와 지위가 없는 것이 진정한 즐거움인 것을 알지 못한다.

예문을 따라 한 자 한 자 예쁘게 써 보세요.

	사	람	들	은		명	예	와		지	위	를		좋	은
것	으	로	만		알	고		명	예	와		지	위	가	
없	는		것	이		진	정	한		즐	거	움	인		것
을		알	지		못	한	다.								

직접 써 보세요.

지위가 높은 사람일수록 행동이 자유롭지 않지요. 많은 사람이 지켜보고 있으니까요. 평범한 사람은 자유롭고 그래서 더 행복할 수 있답니다.

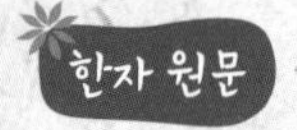

人知名位爲樂 不知無名無位之樂爲最眞
인지명위위락 부지무명무위지락위최진

복은 구한다고 얻어지는 것이 아니니 즐거운 마음으로 사는 것이 복을 부르는 것이며, 화는 피할 수 있는 것이 아니니 남을 해치려는 마음을 품지 않음이 화를 피하는 방법이다.

예문을 따라 한 자 한 자 예쁘게 써 보세요.

복은 구한다고 얻어지는 것이 아니니 즐거운 마음으로 사는 것이 복을 부르는 것이며, 화는 피할 수 있는 것이 아니니 남을 해치려는 마음을 품지 않음이 화를 피하는 방법이다.

직접 써 보세요.

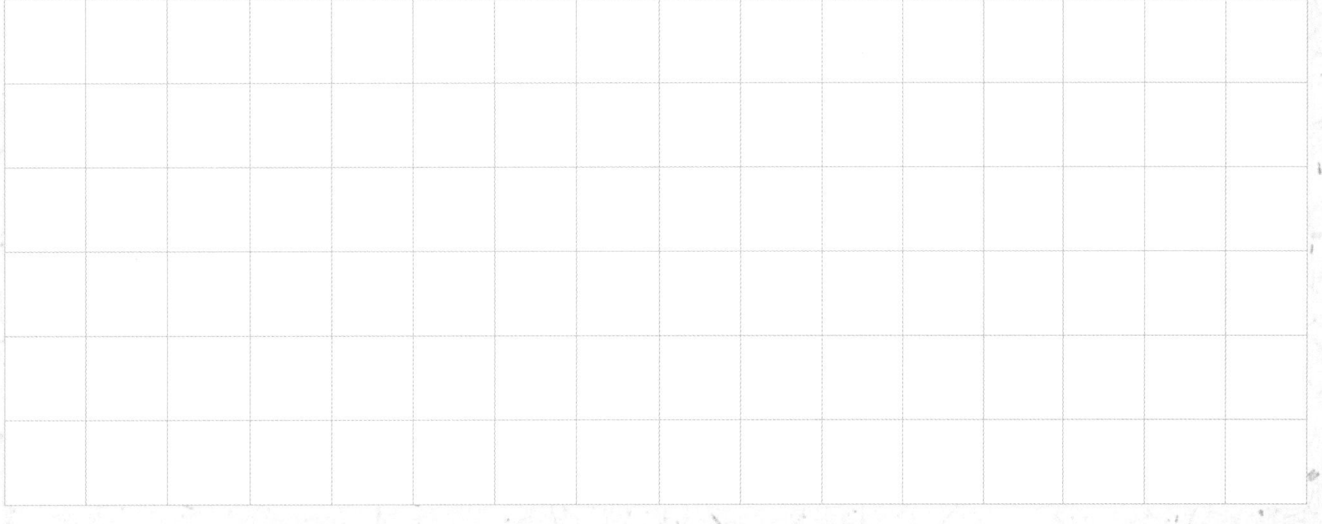

즐거운 마음을 가지고 남에게 피해를 주지 않고 살아간다면 나쁜 일은 없고 좋은 일만 생길 거예요.

한자 원문

福不可徼 養善神 以爲召福之本而已 禍不可避 去殺機 以爲遠禍之方而已

복불가요 양선신 이위소복지본이기 화불가피 거살기 이위원화지방이기

21 하루에 하나씩 함께 써 봐요!

월 일

열 마디 말 중에서 아홉 마디가 맞더라도 꼭 칭찬해주지 않지만
한 마디 말이 틀리면 곧바로 온갖 책망과 비방이 모인다.

예문을 따라 한 자 한 자 예쁘게 써 보세요.

	열		마	디		말		중	에	서		아	홉		마
디	가		맞	더	라	도		꼭		칭	찬	해	주	지	
않	지	만		한		마	디		말	이		틀	리	면	
곧	바	로		온	갖		책	망	과		비	방	이		모
인	다	.													

직접 써 보세요.

생각해 볼까요?

말의 중요성을 알려주는 글이에요. 따라쓰기를 하며 '말 한마디로 천 냥 빚을 갚는다'는 속담의 의미를 다시 한 번 생각해 보아요.

한자 원문 十語九中 未必稱奇 一語不中 則愆尤騈集
십어구중 미필칭기 일어부중 즉건우병집

22 하루에 하나씩 함께 써 봐요!

군자는 마땅히 더럽고 때묻은 것도 받아들이는 넓은 마음을 가져야 하며, 깨끗한 것만 좋아하여 혼자 행하려는 마음을 가져서는 안 된다.

 예문을 따라 한 자 한 자 예쁘게 써 보세요.

	군	자	는		마	땅	히		더	럽	고		때	묻	은
것	도		받	아	들	이	는		넓	은		마	음	을	
가	져	야		하	며	,	깨	끗	한		것	만		좋	아
하	여		혼	자		행	하	려	는		마	음	을		가
져	서	는		안		된	다	.							

직접 써 보세요.

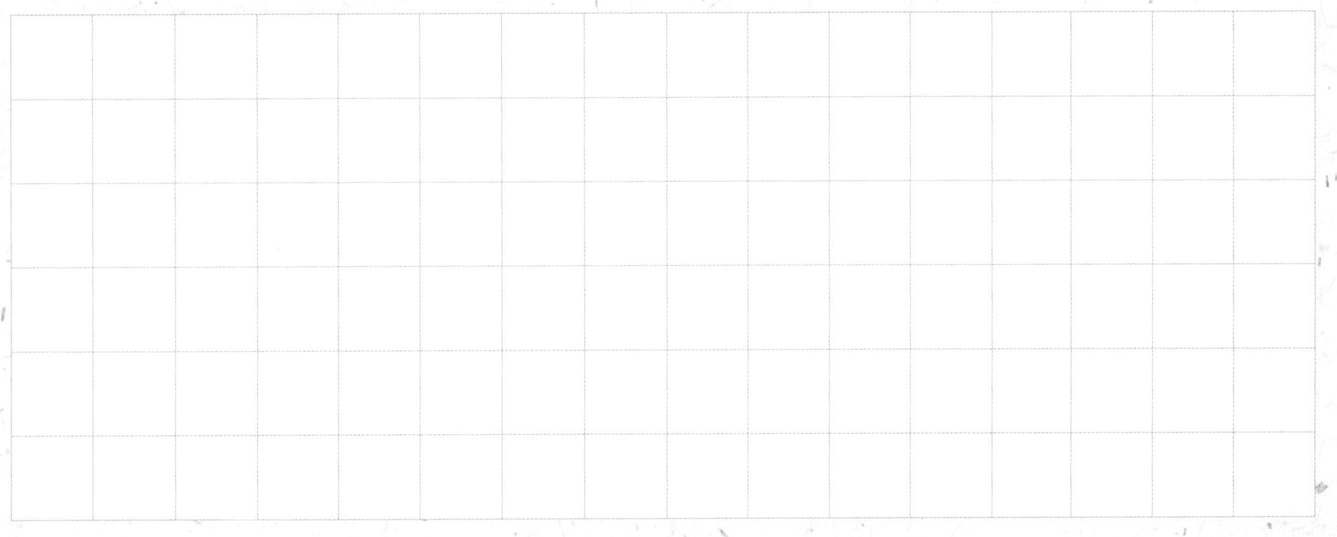

나만 옳다는 마음으로 남을 받아들이지 않으려는 자세는 경계해야 한다는 뜻이에요.
남의 의견도 열린 마음으로 들을 줄 아는 자세를 가져야 합니다.

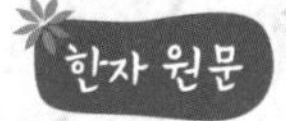

君子 堂存含垢納污之量 不可持好潔獨行之操
군자 당존함구납오지량 불가지호결독행지조

23 하루에 하나씩 함께 써 봐요!

월 일

사람에게 허물 많은 것이 부끄러운 것이 아니고 잘못을 고칠 줄 모르는 것이 부끄러운 것이다.

예문을 따라 한 자 한 자 예쁘게 써 보세요.

사람에게 허물 많은 것이 부끄러운 것이 아니고 잘못을 고칠 줄 모르는 것이 부끄러운 것이다.

직접 써 보세요.

내게 단점이 있는 것은 부끄러운 것이 아니에요. 그 단점이 무엇인지 알고 고친다면 여러분은 훌륭한 사람이 될 수 있답니다.

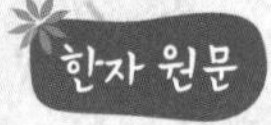

爲人多病未足羞 一生無病是吾憂
위 인 다 병 미 족 수 일 생 무 병 시 오 우

이미 지나간 잘못을 부질없이 후회하는 것은 미래에 일어날 수 있는 잘못을 대비하는 것만 못하다.

 예문을 따라 한 자 한 자 예쁘게 써 보세요.

	이	미		지	나	간		잘	못	을		부	질	없	이
후	회	하	는		것	은		미	래	에		일	어	날	
수		있	는		잘	못	을		대	비	하	는		것	만
못	하	다	.												

 직접 써 보세요.

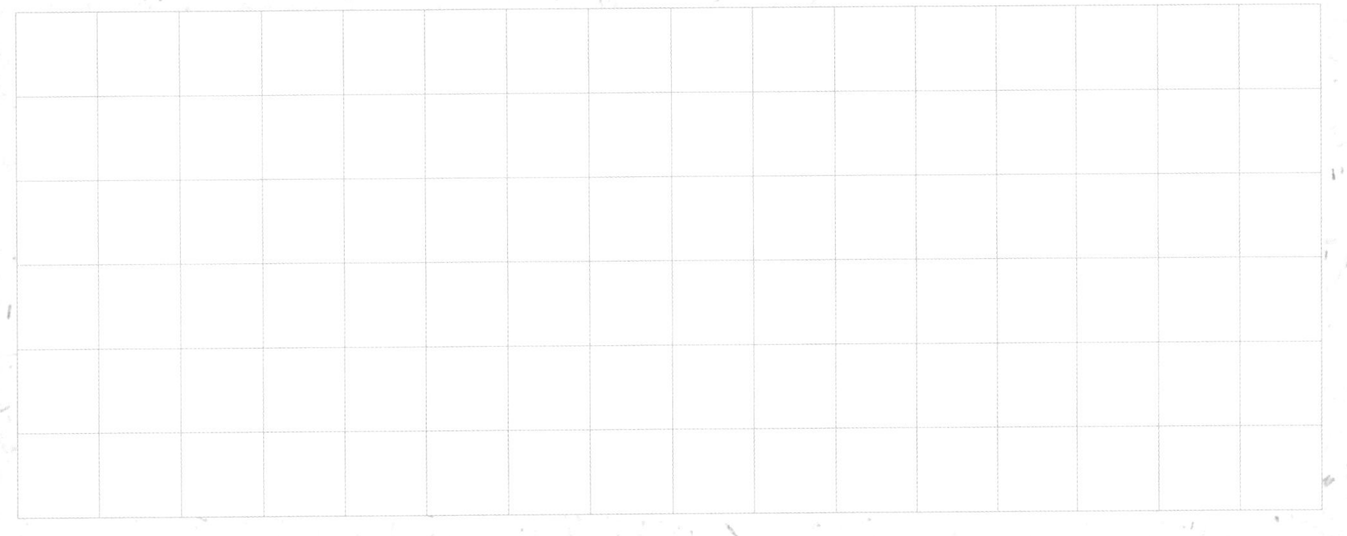

지나간 일을 후회하는 것은 아무 소용이 없어요. 그 일을 교훈 삼아 앞으로 더 잘하려고 노력하는 것이 더 현명한 자세지요.

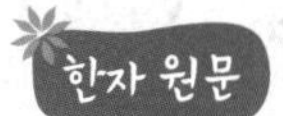

悔旣往之失 不如防將來之非
회 즉 왕 지 실 불 여 방 장 래 지 비

25 하루에 하나씩 함께 써 봐요!

월 일

한가할 때 헛되이 보내지 않으면 바쁠 때 쓸모 있고, 어둠 속에서 숨기지 않으면 밝은 곳에서 도움이 된다.

예문을 따라 한 자 한 자 예쁘게 써 보세요.

한가할 때 헛되이 보내지 않으면 바쁠 때 쓸모 있고, 어둠 속에서 숨기지 않으면 밝은 곳에서 도움이 된다.

직접 써 보세요.

사람의 일은 나중에 어떻게 될지 아무도 몰라요. 그래서 미리미리 준비를 해두는 습관을 길러야 한답니다. 오늘 미리 준비해놓으면 내일 편할 수 있어요.

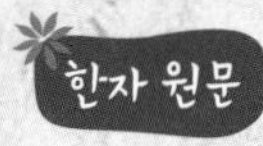

閒中不放過 忙處有受用 暗中不欺隱 明處有受用
한중불방과 망처유수용 암중불기은 명처유수용

남을 위해 자신을 희생하기로 했으면 의심하지 마라. 의심하면 본래 마음이 부끄러워진다.

 예문을 따라 한 자 한 자 예쁘게 써 보세요.

 직접 써 보세요.

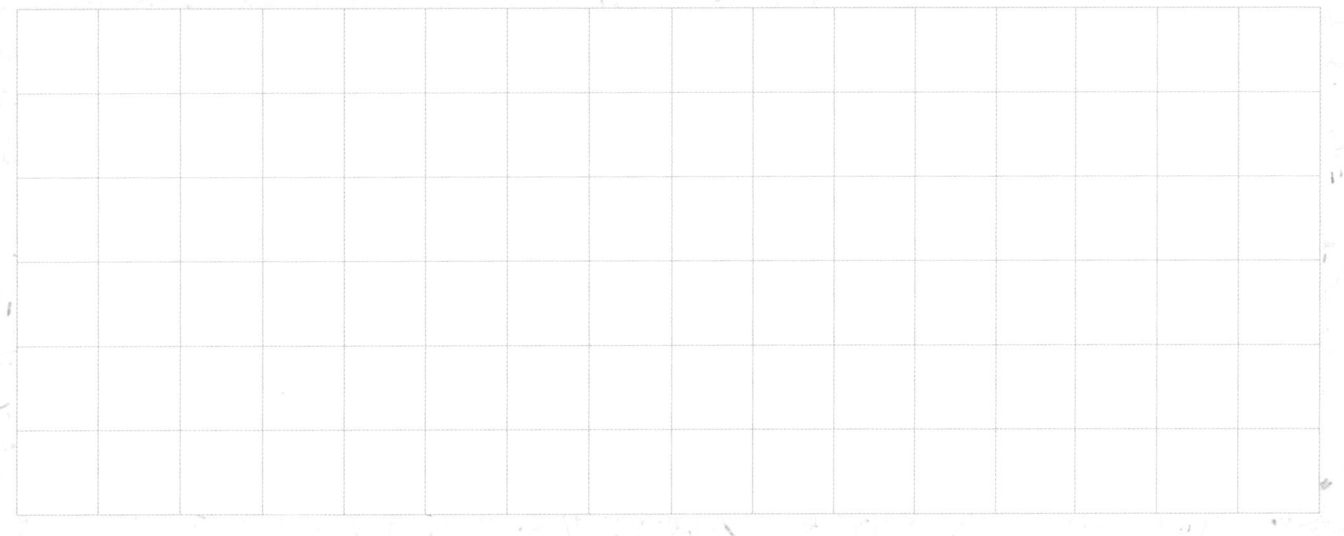

무언가를 바라고 누군가를 도와준다면, 도와주기로 했던 착한 마음이 나쁘게 보일 수도 있어요. 도움의 진정한 의미에 대해 생각해 보아요.

舍己 毋處其疑 處其疑 卽所舍之志 多愧矣
사기 무처기의 처기의 즉소사지지 다괴의

27 하루에 하나씩 함께 써 봐요!

월 일

평범한 백성도 덕을 심고 은혜를 베풀면 곧 벼슬 없는 재상이다.

예문을 따라 한 자 한 자 예쁘게 써 보세요.

	평	범	한		백	성	도		덕	을		심	고		은
혜	를		베	풀	면		곧		벼	슬		없	는		재
상	이	다	.												

직접 써 보세요.

좋은 인격은 권력이 가져다주는 것이 아니랍니다. 자신을 수양하고 다듬어 덕을 쌓는 것이 더 중요한 일이에요.

平民 肯種德施惠 便是無位的公相
평민 긍종덕시혜 변시무위적공상

가족에게 허물이 있을 때는 넌지시 알려주어야 하고 깨닫지 못하면 다시 알려주어야 한다.

 예문을 따라 한 자 한 자 예쁘게 써 보세요.

	가	족	에	게		허	물	이		있	을		때	는	
넌	지	시		알	려	주	어	야		하	고		깨	닫	지
못	하	면		다	시		알	려	주	어	야		한	다	

직접 써 보세요.

가족의 단점을 알게 되었을 때 여러분은 어떻게 했나요?
동생이나 형의 기분이 상하지 않게 넌지시 말하는 법을 연습해보세요.

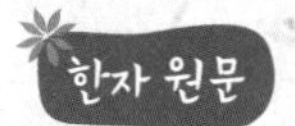

家人有過 借他事隱諷之 今日不悟 俟來日再警之
가인유과 차타사은풍지 금일불오 사래일재경지

29 하루에 하나씩 함께 써 봐요!

월 일

자기 마음을 원만하게 살필 수 있다면 온 세상이 저절로 원만한 곳이 되고,
자기 마음을 관대하고 평온하게 할 수 있다면 온 세상이 저절로 평온해진다.

 예문을 따라 한 자 한 자 예쁘게 써 보세요.

	자	기		마	음	을		원	만	하	게		살	필	
수		있	다	면		온		세	상	이		저	절	로	
원	만	한		곳	이		되	고	,	자	기		마	음	을
관	대	하	고		평	온	하	게		할		수		있	다
면		온		세	상	이		저	절	로		평	온	해	진
다	.														

 직접 써 보세요.

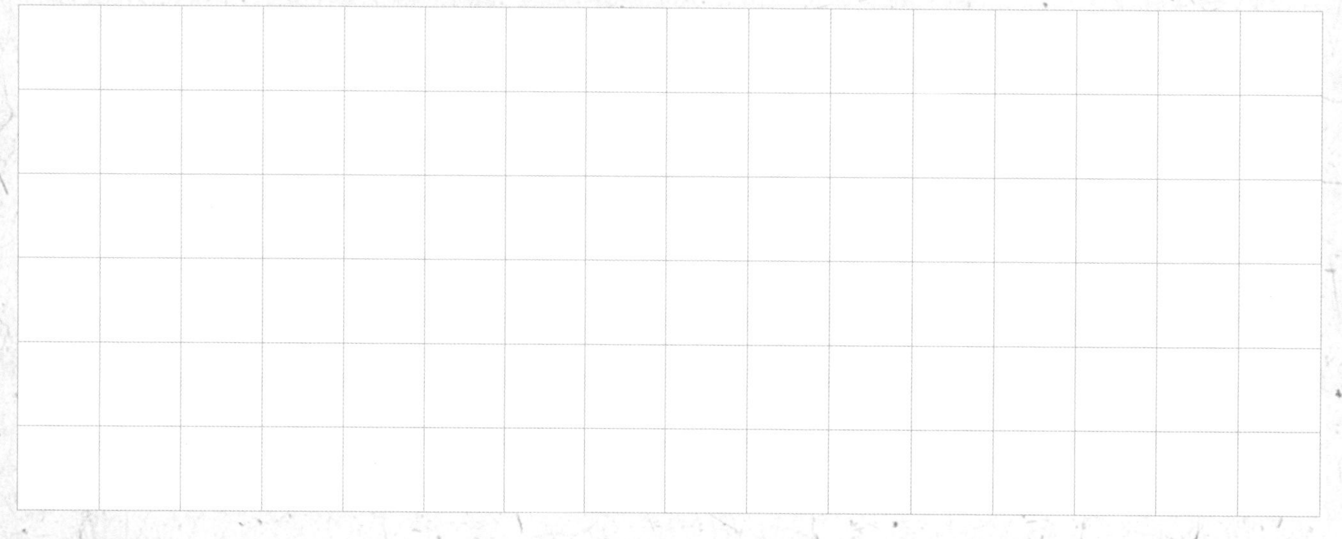

내 마음을 살피는 일은 별일 아닌 것 같지만 이 마음들이 모여 온 세상이 된답니다.
평온한 세상을 만들기 위한 첫걸음은 내 마음을 평온하게 하는 것이에요.

한자 원문 此心常看得圓滿 天下自無缺陷之世界 此心常放得寬平 天下自無險側之人情
차심상간득원만 천하자무결함지세계 차심상방득관평 천하자무험측지인정

일이 뜻대로 되지 않을 때는 주위의 모든 것이 나를 단련시키는 침과 약이 되어 저절로 품행이 바르게 된다.

 예문을 따라 한 자 한 자 예쁘게 써 보세요.

	일	이		뜻	대	로		되	지		않	을		때	는
주	위	의		모	든		것	이		나	를		단	련	시
키	는		침	과		약	이		되	어		저	절	로	
품	행	이		바	르	게		된	다.						

 직접 써 보세요.

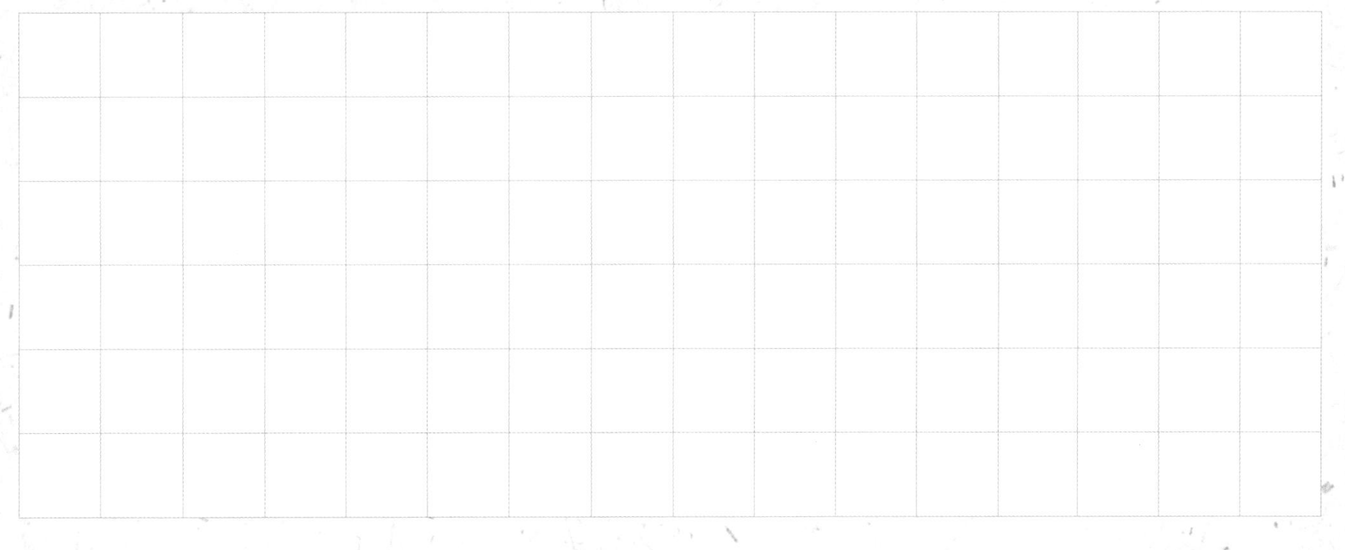

내 마음대로 일이 되지 않는다고 화낸 경험이 있나요?
그런 경험들이 여러분을 더 단단하고 굳세게 만들어 줄 거예요.

居逆境中 周身皆鍼砭藥石 砥節礪行而不覺
거역경중 주신개침폄약석 지절려행이불각

31 하루에 하나씩 함께 써 봐요!

사람의 마음이 진실하면 오뉴월에도 서리를 내리게 할 수 있고
견고한 성도 무너뜨릴 수 있으며 단단한 쇠와 돌도 뚫을 수 있다.

 예문을 따라 한 자 한 자 예쁘게 써 보세요.

	사	람	의		마	음	이		진	실	하	면		오	뉴
월	에	도		서	리	를		내	리	게		할		수	
있	고		견	고	한		성	도		무	너	뜨	릴		수
있	으	며		단	단	한		쇠	와		돌	도		뚫	을
수		있	다	.											

 직접 써 보세요.

진실한 마음은 불가능한 일도 가능하게 만들 수 있다는 뜻이에요.
진실한 자세를 지닌다면 여러분도 어떤 일이든 다 해낼 수 있을 거예요.

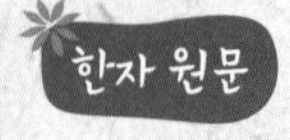

人心一眞 便霜可飛 城可隕 金石可鏤
인심일진 변상가비 성가운 금석가루

32 하루에 하나씩 함께 써 봐요!

월 일

최고의 문장은 기교에 있는 것이 아니라 쓰고자 하는 내용을 알맞게 쓰는 데 있으며, 최고의 인품은 남과 다름에 있지 않고 본연의 모습에 있다.

예문을 따라 한 자 한 자 예쁘게 써 보세요.

	최	고	의		문	장	은		기	교	에		있	는	
것	이		아	니	라		쓰	고	자		하	는		내	용
을		알	맞	게		쓰	는		데		있	으	며	,	최
고	의		인	품	은		남	과		다	름	에		있	지
않	고		본	연	의		모	습	에		있	다	.		

직접 써 보세요.

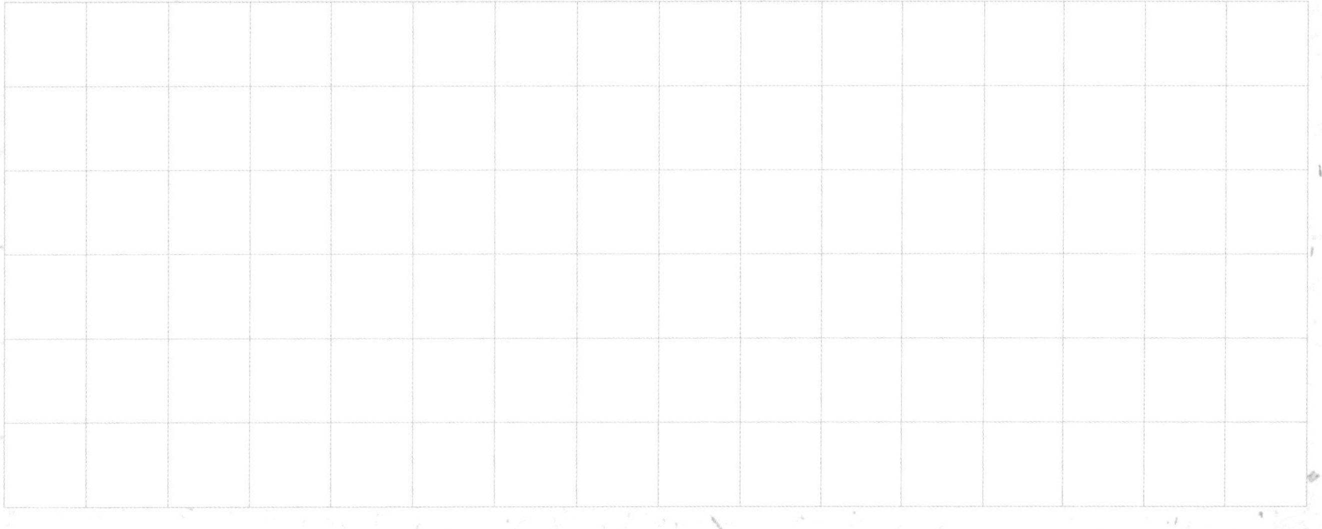

부모님이 물려주신 여러분의 본 모습 그대로를 잘 갈고 닦으면 그것이 바로 최고의 인품이 된답니다.

한자 원문 文章做到極處 無有他奇 只是恰好 人品做到極處 無有他異 只是本然
문장주도극처 무유타기 지시흡호 인품주도극처 무유타이 지시본연

33 하루에 하나씩 함께 써 봐요!

월 일

입맛에 맞는 음식은 모두 창자를 녹이고 뼈를 썩히는 독이 되니 너무 많이 먹지 말아야 재앙이 없다.

예문을 따라 한 자 한 자 예쁘게 써 보세요.

	입	맛	에		맞	는		음	식	은		모	두		창
자	를		녹	이	고		뼈	를		썩	히	는		독	이
되	니		너	무		많	이		먹	지		말	아	야	
재	앙	이		없	다	.									

직접 써 보세요.

생각해 볼까요? '입에 쓴 약이 몸에 좋다'는 말이 있어요. 우리 입맛에 맞는 것은 몸에 해로울 수도 있으니 너무 많이 욕심내면 안돼요.

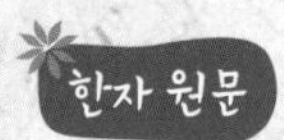

爽口之味 皆爛腸腐骨之藥 五分便無殃
상구지미 개란장부골지약 오분변무앙

남의 사소한 잘못을 꾸짖지 말고, 남의 비밀을 들추어내지 않으며, 남의 지난날 허물을 생각하지 마라. 이 세 가지를 지키면 덕을 기르고 해를 멀리할 수 있다.

예문을 따라 한 자 한 자 예쁘게 써 보세요.

직접 써 보세요.

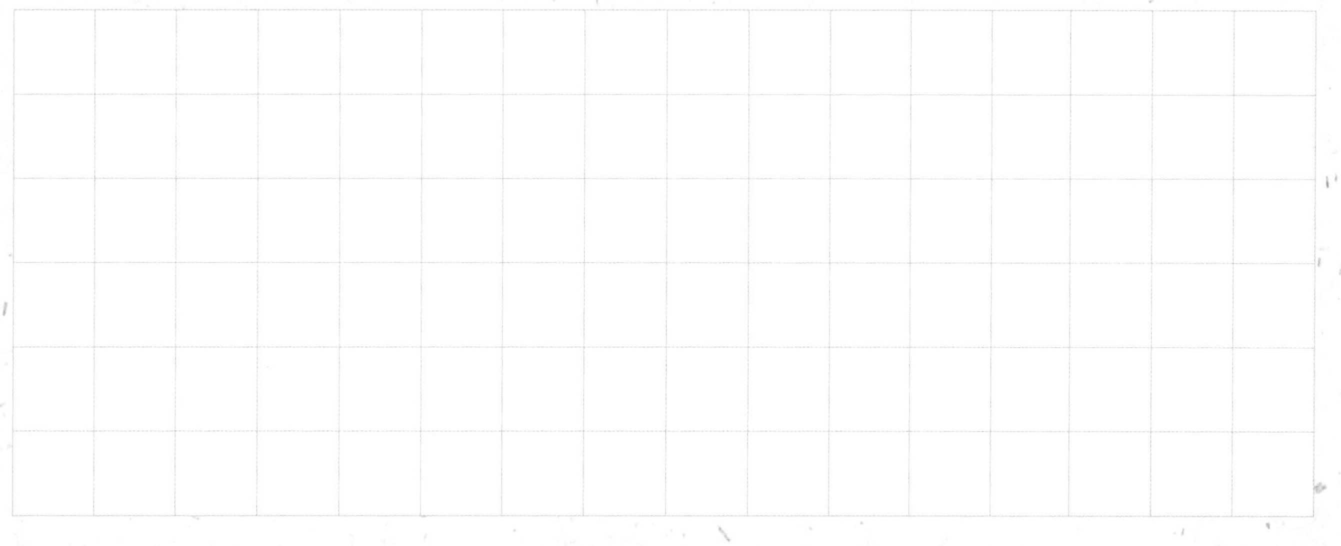

다른 사람의 잘못을 덮어 주고 용서해 주는 마음 넓은 사람이 되어 보아요.

不責人小過 不發人陰私 不念人舊惡 三者可以養德 亦可以遠害
불책인소과 불발인음사 불념인구악 삼자가이양덕 역가이원해

35 하루에 하나씩 함께 써 봐요!

월 일

늙어서 오는 질병은 젊었을 때 부른 것이며, 쇠약해진 후에 오는 재앙도 젊었을 때 지은 것이다.

예문을 따라 한 자 한 자 예쁘게 써 보세요.

늙어서 오는 질병은 젊었을 때 부른 것이며, 쇠약해진 후에 오는 재앙도 젊었을 때 지은 것이다.

직접 써 보세요.

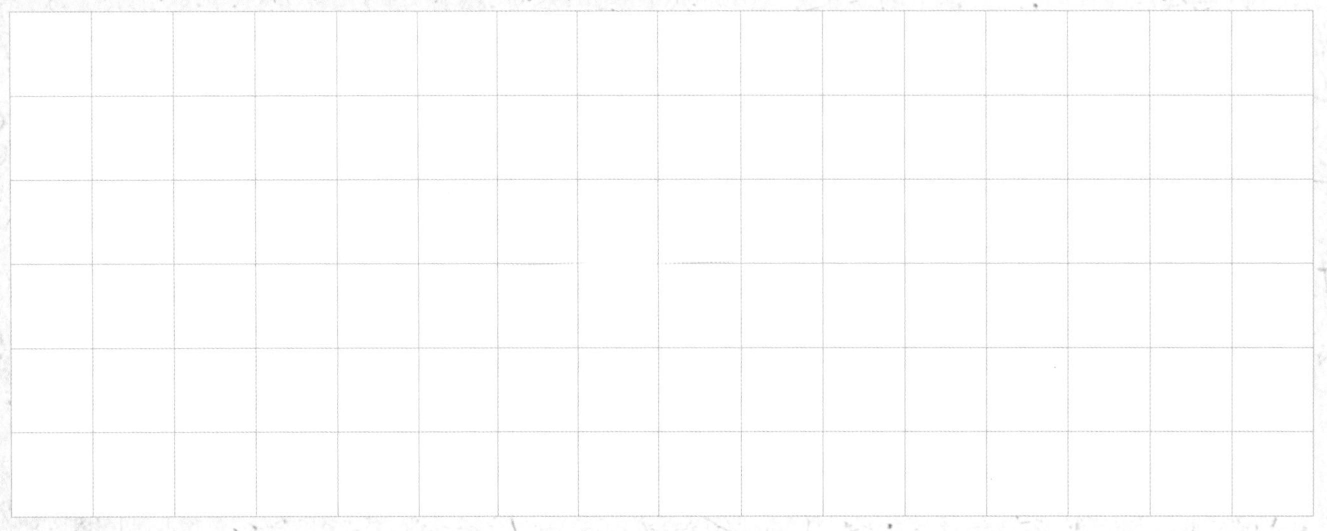

젊었을 때 몸을 돌보지 않고 살면 늙어 질병으로 돌아온다는 뜻입니다.
어렸을 때부터 좋은 습관과 태도로 생활하면 오래도록 건강할 수 있겠죠?

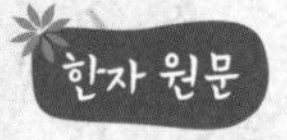

老來疾病 都是壯時招的 衰後孼 都是盛時作的 故持盈履滿
노래질병 도시장시초적 쇠후얼 도시성시작적 고지영이만

자신의 뜻을 굽혀 남을 즐겁게 하는 일은 자신을 곧게 세워 남의 미움을 받는 것만 못하다.

 예문을 따라 한 자 한 자 예쁘게 써 보세요.

자신의 뜻을 굽혀 남을 즐겁게 하는 일은 자신을 곧게 세워 남의 미움을 받는 것만 못하다.

 직접 써 보세요.

소신을 굽히면서 다른 사람에게 잘 보이려고 하는 것은 옳지 못한 행동이에요.
선한 마음을 가지고 소신을 지키며 살아가는 사람이 되어 보세요.

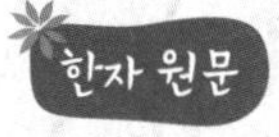

曲意而使人喜 不若直躬而使人忌
곡 의 이 사 인 희 불 약 직 궁 이 사 인 기

37 하루에 하나씩 함께 써 봐요!

월 일

친구의 잘못을 보았을 때 마땅히 충고해야 하며 망설여서는 안 된다.

예문을 따라 한 자 한 자 예쁘게 써 보세요.

	친	구	의		잘	못	을		보	았	을		때		마
땅	히		충	고	해	야		하	며		망	설	여	서	는
안		된	다	.											

직접 써 보세요.

가족이나 친구처럼 가까운 사람의 잘못을 보았을 때도 그냥 넘어가지 않고 적절하게 이야기를 해주는 용기가 필요합니다.

遇朋友交遊之失 宜凱切 不宜優遊
우붕우교유지실 의개절 불의우유

작은 일이라고 소홀히 하지 않고 남들이 모른다고 속이거나 숨기지 않으며,
실의에 빠져도 낙담하지 않아야 진정한 영웅이다.

 예문을 따라 한 자 한 자 예쁘게 써 보세요.

작은 일이라고 소홀히 하지 않고 남들이 모른다고 속이거나 숨기지 않으며, 실의에 빠져도 낙담하지 않아야 진정한 영웅이다.

 직접 써 보세요.

여러분은 영웅에 대해 생각해본 적이 있나요?
여러분이 생각하는 영웅은 어떤 사람인가요?

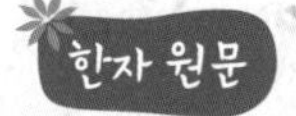

小處不滲漏 暗中不欺隱 末路不怠荒 纔是個眞正英雄
소처불삼루 암중불기은 말로불태황 재시개진정영웅

39 하루에 하나씩 함께 써 봐요!

월 일

천금으로도 상대방의 환심을 얻기 힘들 수 있고, 한 끼 식사만으로도
상대방을 평생 감동하게 할 수 있다.

 예문을 따라 한 자 한 자 예쁘게 써 보세요.

	천	금	으	로	도		상	대	방	의		환	심	을	
얻	기		힘	들		수		있	고	,	한		끼		식
사	만	으	로	도		상	대	방	을		평	생		감	동
하	게		할		수		있	다	.						

 직접 써 보세요.

상대방의 마음을 얻는 것은 물질을 이용해서 할 수 있는 일이 아니에요.
상대방을 생각하는 진심, 그것이 가장 중요하답니다.

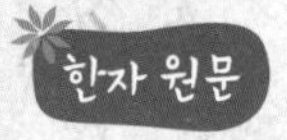

千金難結一時之歡 一飯竟致終身之感
천 금 난 결 일 시 지 환 일 반 경 치 종 신 지 감

내가 잘났다고 남의 단점을 들추어내지 말고, 내가 서투르다고 남의 능력을 시기해서는 안 된다.

예문을 따라 한 자 한 자 예쁘게 써 보세요.

내가 잘났다고 남의 단점을 들추어내지 말고, 내가 서투르다고 남의 능력을 시기해서는 안 된다.

직접 써 보세요.

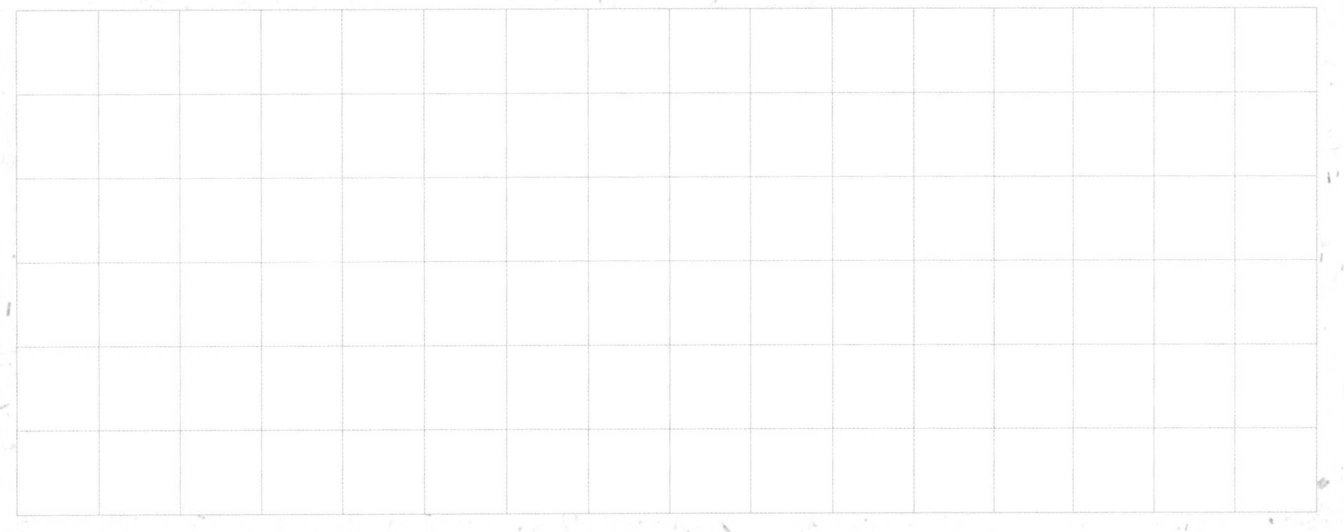

여러분은 친구를 질투해본 적이 있나요? 언제 그런 마음이 생겼나요?
나보다 잘난 사람을 질투하거나 시기하지 않고 그의 장점을 배우려는 마음가짐이 필요해요.

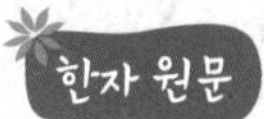

毋以己之長而形人之短 毋因己之拙而忌人之能
무 이 기 지 장 이 형 인 지 단 무 인 기 지 졸 이 기 인 지 능

41 하루에 하나씩 함께 써 봐요!

월 일

내 몸은 하나의 작은 우주이니 기뻐함과 노함을 허물없이 하고 좋아함과 싫어함을 질서 있게 한다면, 이것이 바로 몸을 다스리는 방법이다.

예문을 따라 한 자 한 자 예쁘게 써 보세요.

내 몸은 하나의 작은 우주이니 기뻐함과 노함을 허물없이 하고 좋아함과 싫어함을 질서 있게 한다면, 이것이 바로 몸을 다스리는 방법이다.

직접 써 보세요.

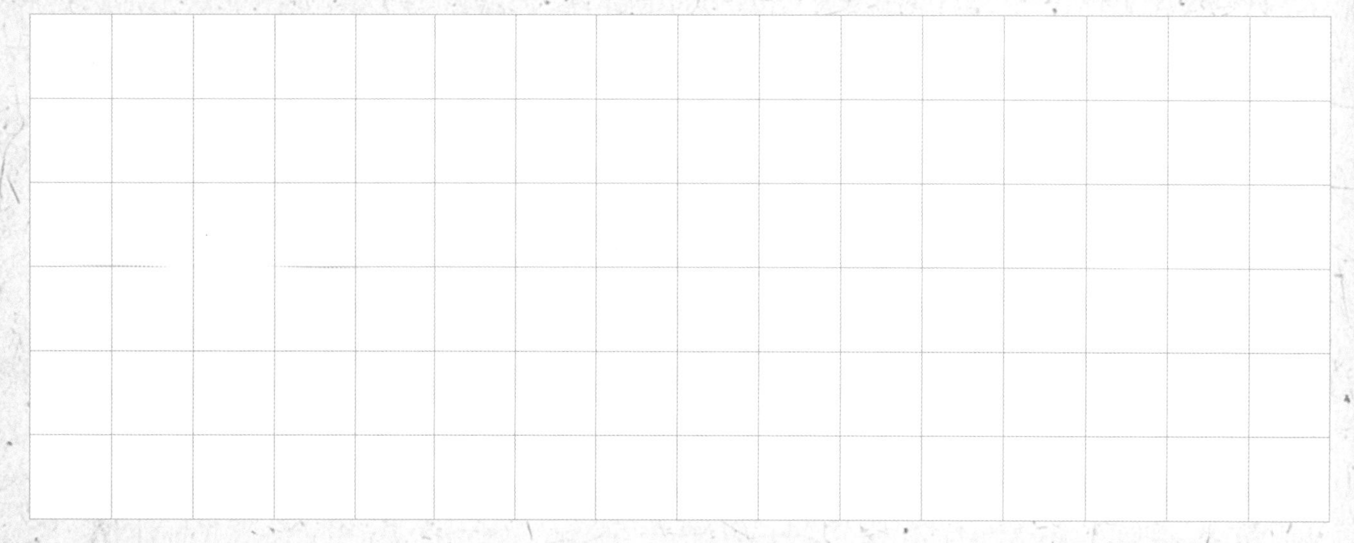

모든 일에는 조화가 필요해요. 어떤 감정이든 적절히 조절하고 마음을 조화롭게 한다면 평온한 세상을 살아갈 수 있어요.

吾身一小天地也 使喜怒不愆 好惡有則 便是燮理的功夫
오신일소천지야 사희노불건 호악유즉 변시섭리적공부

어버이가 자식을 사랑하고 자식이 어버이께 효도하며, 형이 아우를 아끼고 아우가 형을 공경하는 것은 잘해냈다고 해도 본디 해야 하는 일이므로 감격할만한 것이 못 된다.

예문을 따라 한 자 한 자 예쁘게 써 보세요.

	어	버	이	가		자	식	을		사	랑	하	고		자
식	이		어	버	이	께		효	도	하	며	,	형	이	
아	우	를		아	끼	고		아	우	가		형	을		공
경	하	는		것	은		잘	해	냈	다	고		해	도	
본	디		해	야		하	는		일	이	므	로		감	격
할	만	한		것	이		못		된	다	.				

직접 써 보세요.

우리가 부모님께 효도하고 형제들과 사이좋게 지내는 건 칭찬받을 일이 아니라 당연한 일이라는 뜻이에요. 여러분은 당연한 일을 잘 해내고 있나요?

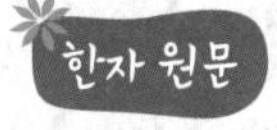

父慈子孝 兄友弟恭 縱做到極處 俱是合當如此 著不得一毫感激的念頭
부자자효 형우제공 종주도극처 구시합당여차 저부득일호감격적염두

43 하루에 하나씩 함께 써 봐요!

공과 죄에 대한 상벌은 분명하게 해야 한다. 만약 분명하지 않으면 사람들이 나태한 마음을 품게 된다.

예문을 따라 한 자 한 자 예쁘게 써 보세요.

직접 써 보세요.

잘한 일과 잘못한 일은 확실히 구분 지어야 한다는 뜻이에요.
여러분이 착한 행동을 했을 때와 바르지 못한 행동을 했을 때 부모님의 반응은 어땠나요?

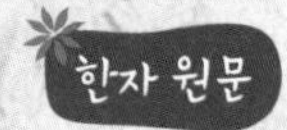

功過不容小混 混則人懷惰墮之心
공과불용소혼 혼즉인회타타지심

나쁜 짓은 아무도 보지 않는 곳에서 하는 것이 가장 염려되니,
보는 이가 없다면 못할 일이 없기 때문이다.

 예문을 따라 한 자 한 자 예쁘게 써 보세요.

	나	쁜		짓	은		아	무	도		보	지		않	는
곳	에	서		하	는		것	이		가	장		염	려	되
니	,	보	는		이	가		없	다	면		못	할		일
이		없	기		때	문	이	다							

 직접 써 보세요.

여러분은 보는 사람이 없다고 옳지 못한 행동을 한 경험이 있나요?
보는 사람이 없더라도 반듯한 행동을 하는 군자가 되어보세요.

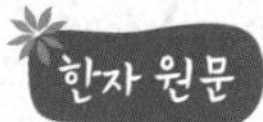

惡忌陰 故惡之顯者禍淺 而隱者禍深
악기음 고악지현자화천 이은자화심

45

하루에 하나씩 함께 써 봐요!

월 일

선한 일은 남들이 보는 곳에서 하는 것이 가장 염려되니, 보는 사람이 있다면 선행하는 마음이 순수하지 못하기 때문이다.

 예문을 따라 한 자 한 자 예쁘게 써 보세요.

	선	한		일	은		남	들	이		보	는		곳	에
서		하	는		것	이		가	장		염	려	되	니	,
보	는		사	람	이		있	다	면		선	행	하	는	
마	음	이		순	수	하	지		못	하	기		때	문	이
다	.														

 직접 써 보세요.

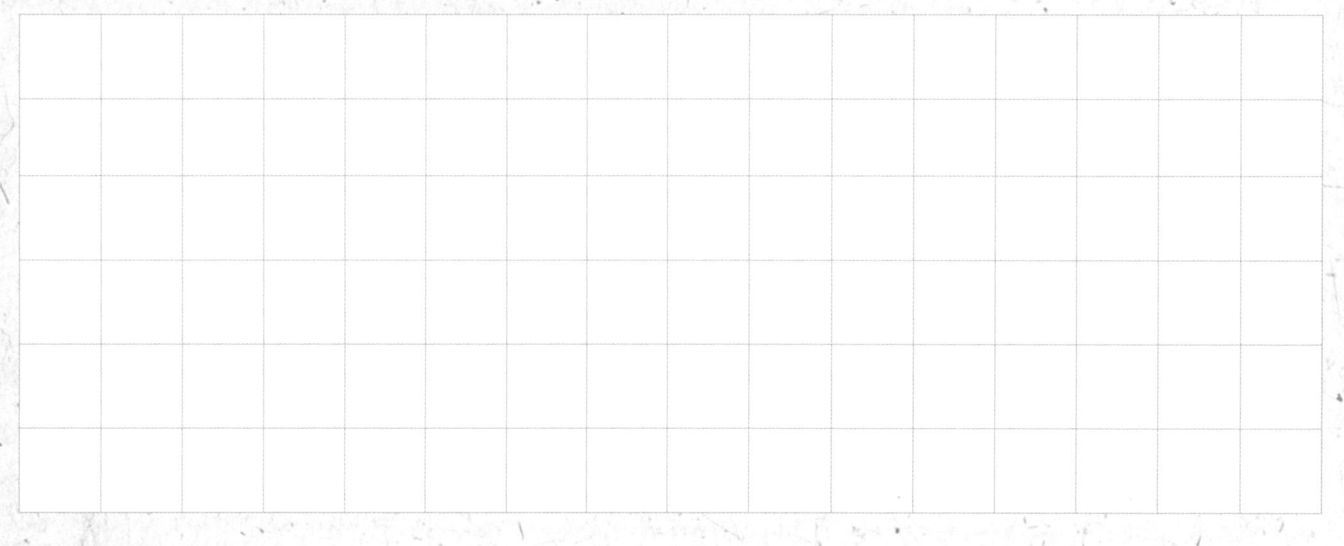

선행은 누가 봐주어서가 아니라 진심으로 하고 싶어 하는 것이어야 한다는 얘기지요. 일부러 알게 하는 것은 다른 이유가 있기 때문이겠죠?

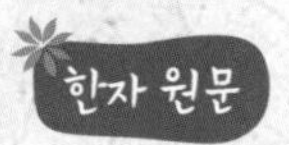

善忌陽 善之顯者功小 而隱者功大
선기양 선지현자공소 이은자공대

덕은 재능의 주인이고, 재능은 덕의 하인이다. 재능만 있고 덕이 없는 것은 주인 없는 집에 하인이 제멋대로 날뛰는 것과 같다.

 예문을 따라 한 자 한 자 예쁘게 써 보세요.

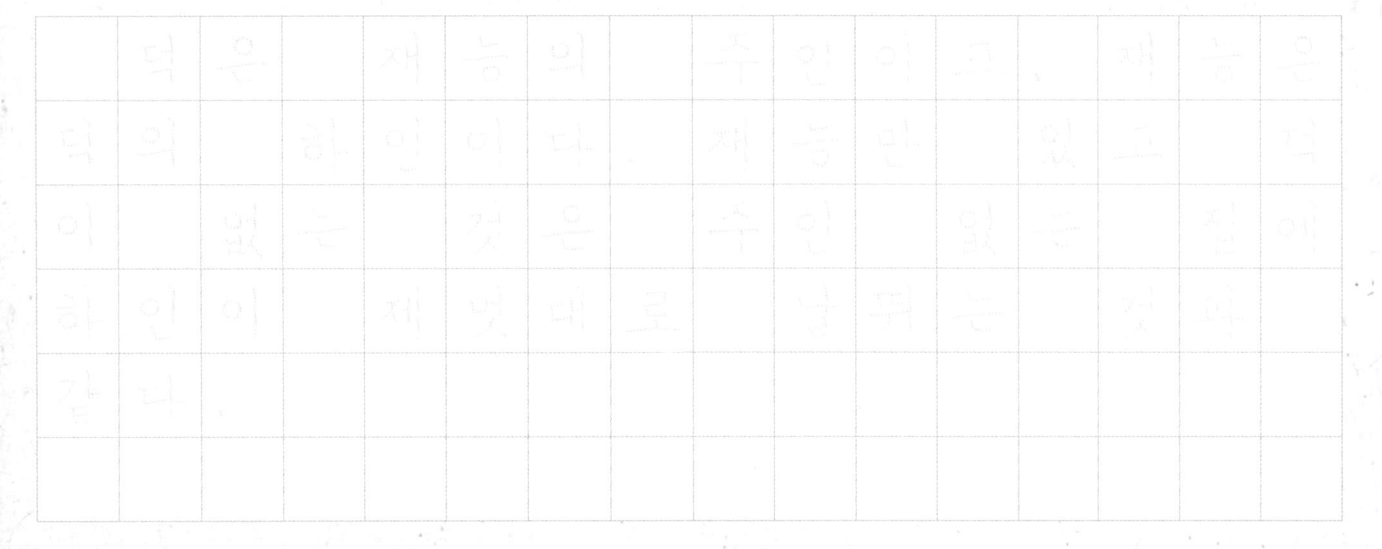

 직접 써 보세요.

아무리 잘난 사람이라도 마음속에 덕이 없다면 아무 소용이 없다는 뜻이에요.

한자 원문 德者才之主 才者德之奴 有才無德 如家無主奴用事矣 幾何不魍魎而猖狂
덕자재지주 재자덕지노 유재무덕 여가무주노용사의 기하불망량이창광

47 하루에 하나씩 함께 써 봐요!

월 일

사람이 진실하고 성실한 생각이 없으면 이는 거지와 다를 게 없으니
어떤 일을 하든지 매사가 부질없다.

예문을 따라 한 자 한 자 예쁘게 써 보세요.

직접 써 보세요.

항상 진실하고 성실한 마음을 가지면 어떤 일이든 할 수 있다는 뜻이에요.
진실하고 성실한 마음은 어떻게 기를 수 있을까요?

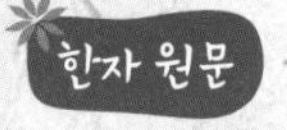

作人無點眞懇念頭 便成個花子 事事皆虛
작인무점진간염두 변성개화자 사사개허

성급하게 서둘러서 해결되지 않던 일이 차근차근 해나가면 뜻밖에 쉽게 풀릴 수 있으니, 너무 조급하게 서둘러서 일을 불안하게 만들면 안 된다.

예문을 따라 한 자 한 자 예쁘게 써 보세요.

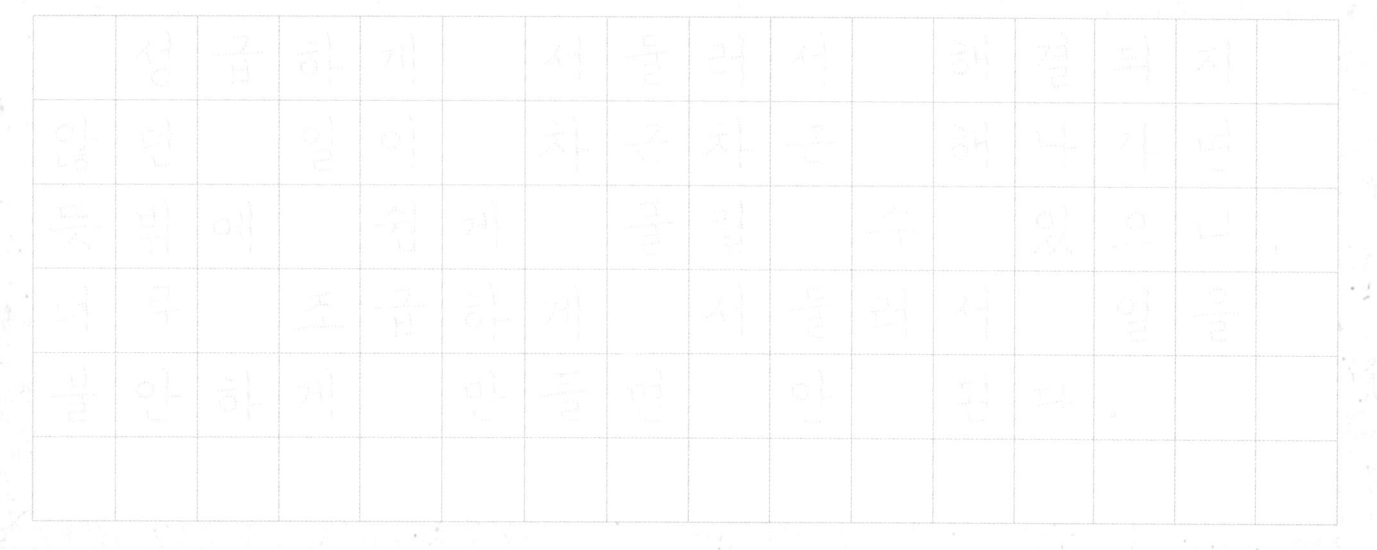

직접 써 보세요.

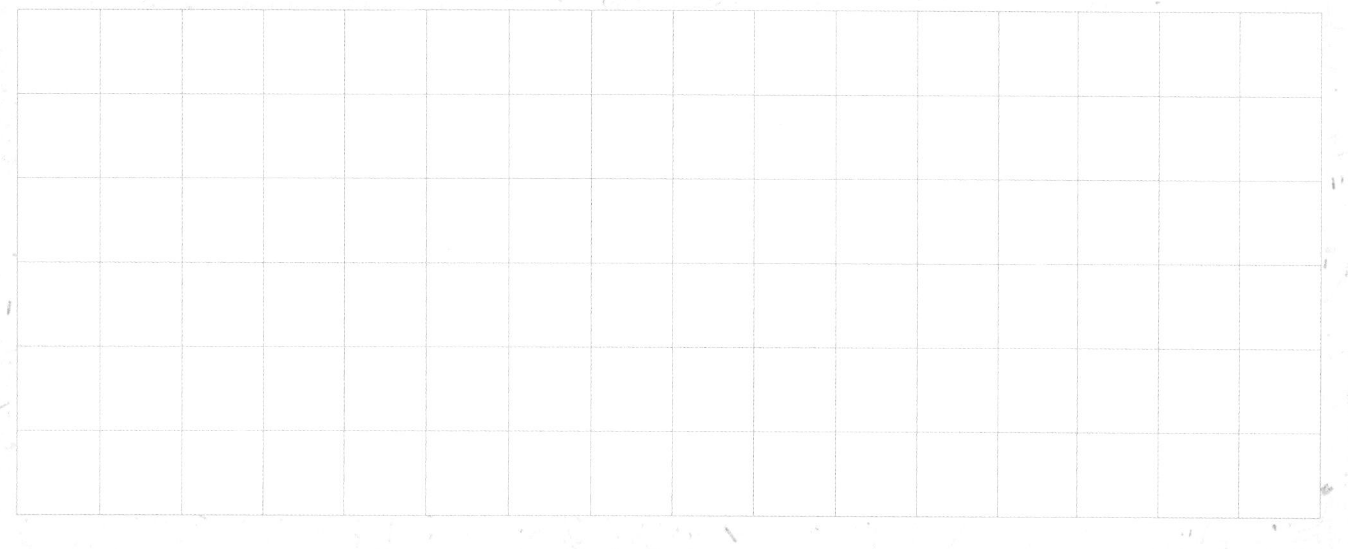

빨리빨리 하려고 했는데 잘 안 되는 경험을 해 본 적이 있나요?
그럴 때는 한 박자 쉬고 차근차근 해보세요. 뜻밖에 일이 쉽게 풀릴 거예요.

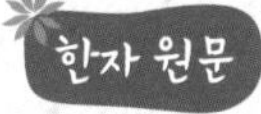

事有急之不白者 寬之或自明 毋躁急以速其忿
사 유 급 지 불 백 자　관 지 혹 자 명　무 조 급 이 속 기 분

49 하루에 하나씩 함께 써 봐요!

월 일

덕은 모든 일의 기초가 되는 것이니 기초가 견고하지 않다면
집이 오래갈 수 없다.

예문을 따라 한 자 한 자 예쁘게 써 보세요.

	덕	은		모	든		일	의		기	초	가		되	는
것	이	니		기	초	가		견	고	하	지		않	다	면
집	이		오	래	갈		수		없	다	.				

직접 써 보세요.

'천 리 길도 한 걸음부터'라는 속담이 있습니다. 아무리 큰일이라도
기초부터 차근차근 다져나가면 하지 못할 일이 없는 법입니다.

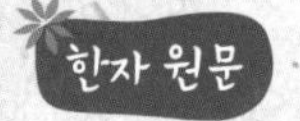

德者事業之基 未有基不固而棟宇堅久者
덕 자 사 업 지 기 미 유 기 불 고 이 동 우 견 구 자

50 하루에 하나씩 함께 써 봐요!

도덕은 모든 사람이 쓰는 물건이니 어떤 사람이든 도덕을 닦고 행해야 한다.
학문은 늘 먹는 끼니와 같으니 어떤 것을 배울 때는 늘 경계하고 주의해야 한다.

 예문을 따라 한 자 한 자 예쁘게 써 보세요.

 직접 써 보세요.

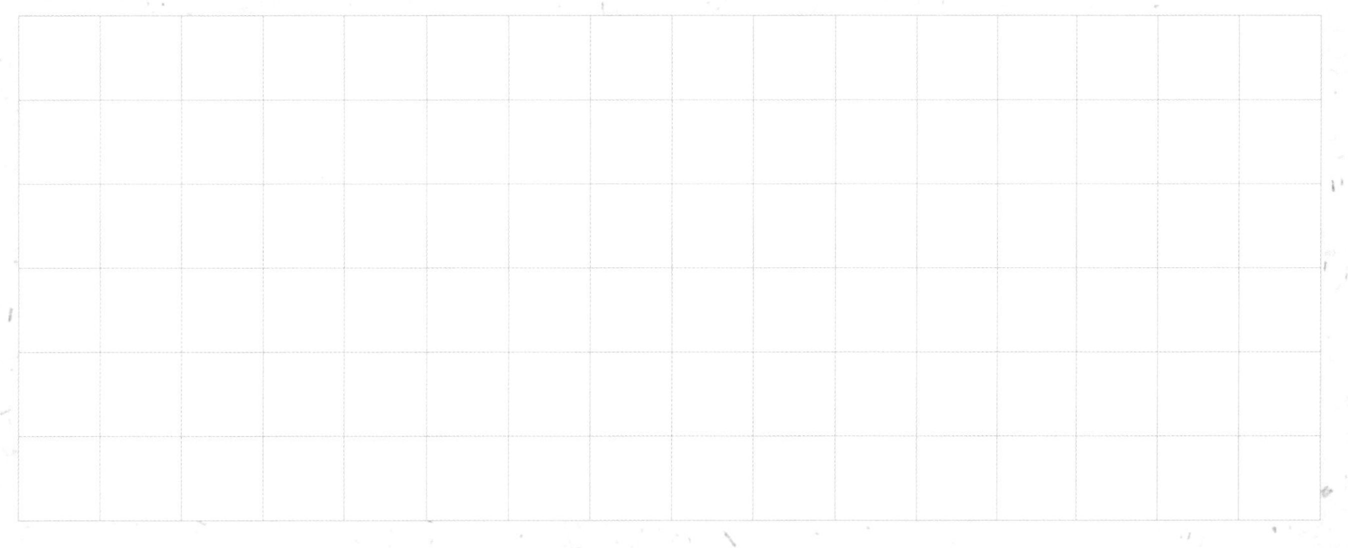

항상 덕을 쌓으며 열심히 공부한다면 누구나 훌륭한 사람이 될 수 있습니다.
따라쓰기를 공부하며 마음으로 수양하는 사람이 되어 보아요!

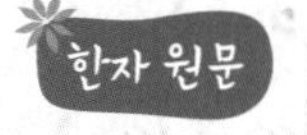

道是一重公衆物事 當隨人而接引 學是一個尋常家飯 當隨事而警惕
도시일중공중물사 당수인이접인 학시일개심상가반 당수사이경척

51 하루에 하나씩 함께 써 봐요!

월 일

남을 믿는 사람은 남이 성실해서가 아니라 자기가 성실하기 때문이며,
남을 의심하는 사람은 남이 속여서가 아니라 자기가 먼저 속이기 때문이다.

예문을 따라 한 자 한 자 예쁘게 써 보세요.

	남	을		믿	는		사	람	은		남	이		성	실
해	서	가		아	니	라		자	기	가		성	실	하	기
때	문	이	며	,	남	을		의	심	하	는		사	람	은
남	이		속	여	서	가		아	니	라		자	기	가	
먼	저		속	이	기		때	문	이	다	.				

직접 써 보세요.

내가 진실하다면 다른 사람도 모두 진실하게 보인답니다.
내가 남을 보는 눈은 내가 자신을 보는 눈과 같아요.

信人者 人未必盡誠 己則獨誠矣 疑人者 人未必皆詐 己則先詐矣
신인자 인미필진성 기즉독성의 의인자 인미필개사 기즉선사의

52 하루에 하나씩 함께 써 봐요!

월 일

즉흥적으로 시작한 일은 시작하자마자 곧 끝내게 되니, 쉼 없이 굴러가는 수레바퀴 같을 수 없다.

 예문을 따라 한 자 한 자 예쁘게 써 보세요.

즉흥적으로 시작한 일은 시작하자마자 곧 끝내게 되니, 쉼 없이 굴러가는 수레바퀴 같을 수 없다.

직접 써 보세요.

여러분은 어떤 일을 즉흥적으로 시작해 본 적이 있나요?
그 일의 결과는 어땠나요? 즉흥적으로 시작한 일은 꾸준히 해나가기가 어렵답니다.

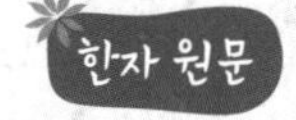

憑意興作爲者 隨作則隨止 豈是不退之輪
빙의흥작위자 수작즉수지 기시불퇴지륜

53 하루에 하나씩 함께 써 봐요!

월 일

타인의 잘못은 용서하고 자신의 잘못은 용서하지 마라. 자신의 곤욕은 참고 타인의 곤욕은 참지 말고 도와주어라.

예문을 따라 한 자 한 자 예쁘게 써 보세요.

	타	인	의		잘	못	은		용	서	하	고		자	신
의		잘	못	은		용	서	하	지		마	라	.	자	신
의		곤	욕	은		참	고		타	인	의		곤	욕	은
참	지		말	고		도	와	주	어	라	.				

직접 써 보세요.

남에게는 너그럽고 나에게는 엄격한 사람이 되어야 해요.
여러분은 남과 나를 대하는 태도가 어떤가요?

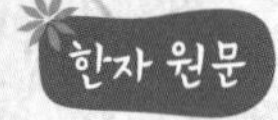

人之過誤宜恕 而在己則不可恕 己之困辱當忍 而在人則不可忍
인지과오의서 이재기즉불가서 기지곤욕당인 이재인즉불가인

부유할 때는 가난하고 천한 사람의 고통을 알아야 하고, 젊을 때는 늙고 쇠약한 사람의 어려움을 생각해야 한다.

 예문을 따라 한 자 한 자 예쁘게 써 보세요.

부유할 때는 가난하고 천한 사람의 고통을 알아야 하고, 젊을 때는 늙고 쇠약한 사람의 어려움을 생각해야 한다.

 직접 써 보세요.

내가 좋은 상황에 있을수록 힘든 상황에 있는 사람들을 돌아보고 생각해야 한다는 뜻입니다.

處富貴之地 要知貧賤的痛癢 當少壯之時 須念衰老的辛酸
처부귀지지 요지빈천적통양 당소장지시 수념쇠로적신산

55 하루에 하나씩 함께 써 봐요!

소인배의 미움과 비난을 받을지언정 그들의 아첨과 칭찬은 받지 마라.
군자의 꾸짖음을 받을지언정 그들의 용서를 좋아해서는 안 된다.

예문을 따라 한 자 한 자 예쁘게 써 보세요.

소인배의 미움과 비난을 받을지언정 그들의 아첨과 칭찬은 받지 마라. 군자의 꾸짖음을 받을지언정 그들의 용서를 좋아해서는 안 된다.

직접 써 보세요.

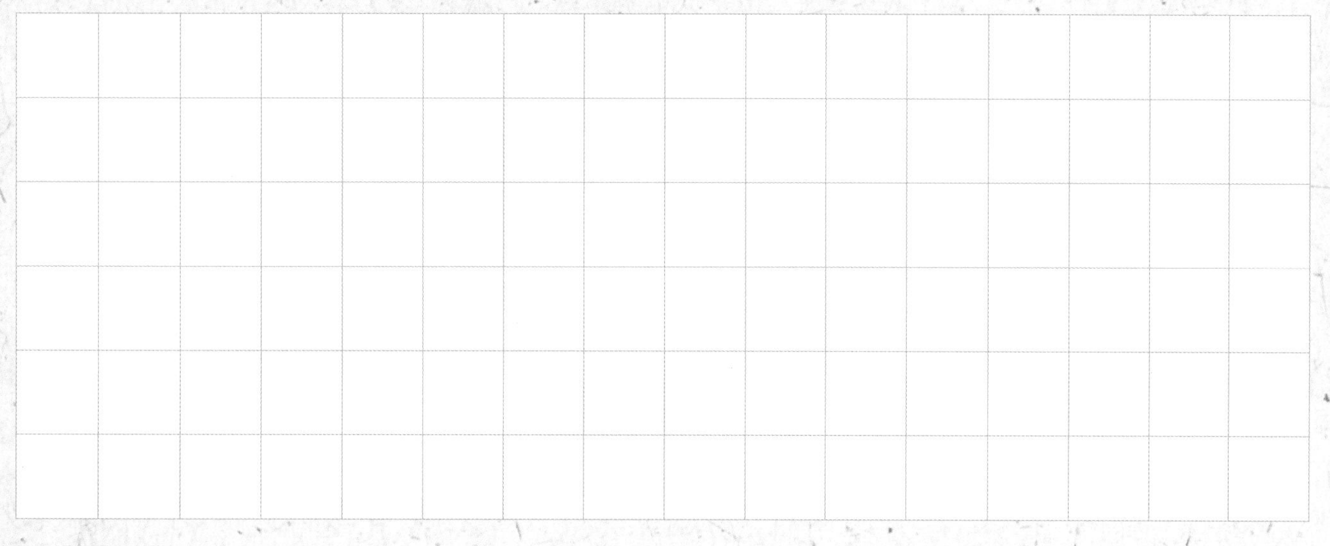

소인배는 아첨을 잘하고 군자는 너그러운 사람이므로
소인배의 칭찬과 군자의 이해를 곧이곧대로 받아들여서는 안 된다는 말입니다.

한자 원문 寧爲小人所忌毁 毋爲小人所媚悅 寧爲君子所責修 毋爲君子所包容
영위소인소기훼 무위소인소미열 영위군자소책수 무위군자소포용

검소함은 미덕이지만 지나치면 인색해지고, 겸손함은 좋은 행동이지만 지나치면 비굴해진다.

예문을 따라 한 자 한 자 예쁘게 써 보세요.

직접 써 보세요.

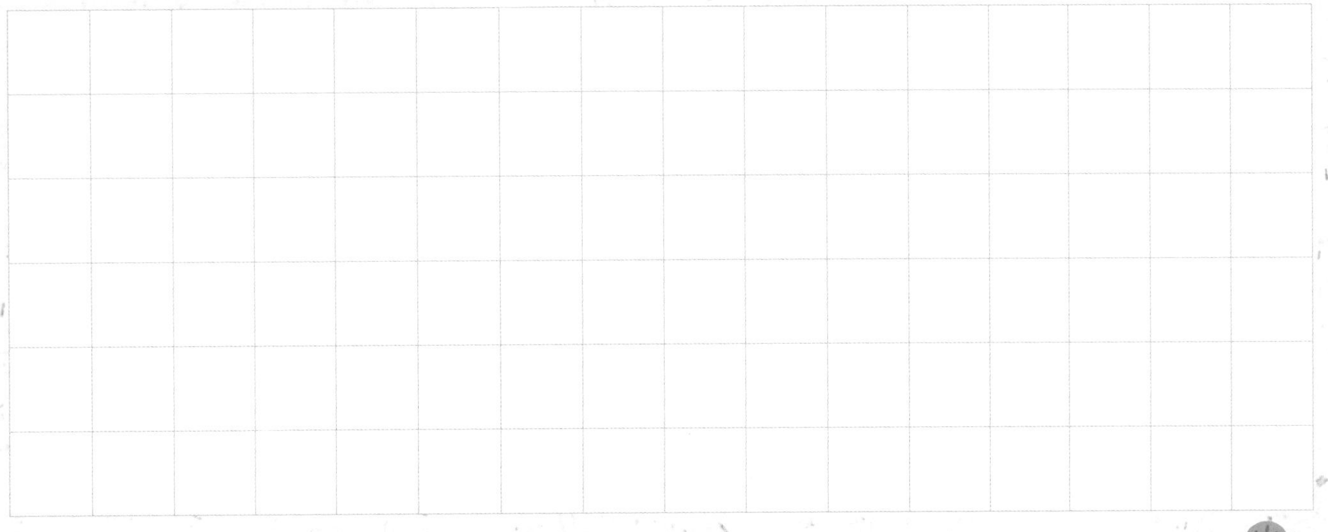

검소한 태도와 겸손한 마음을 지니는 것은 중요하지만, 그것이 도가 지나치면 좋지 않게 보일 수도 있어요.

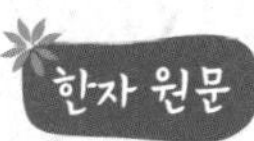

儉美德也 過則爲慳吝 爲鄙嗇 讓懿行也 過則爲足恭 爲曲謹
검미덕야 과즉위간린 위비색 양의행야 과즉위족공 위곡근

57 하루에 하나씩 함께 써 봐요!

월 일

뜻대로 일이 되지 않음을 걱정하지 말고 마음에 든다 하여 기뻐하지 말며,
오랫동안 편안할 것을 믿지 말고 처음이 어렵다고 걱정하지 마라.

예문을 따라 한 자 한 자 예쁘게 써 보세요.

	뜻	대	로		일	이		되	지		않	음	을		걱
정	하	지		말	고		마	음	에		든	다		하	여
기	뻐	하	지		말	며	,	오	랫	동	안		편	안	할
것	을		믿	지		말	고		처	음	이		어	렵	다
고		걱	정	하	지		마	라	.						

직접 써 보세요.

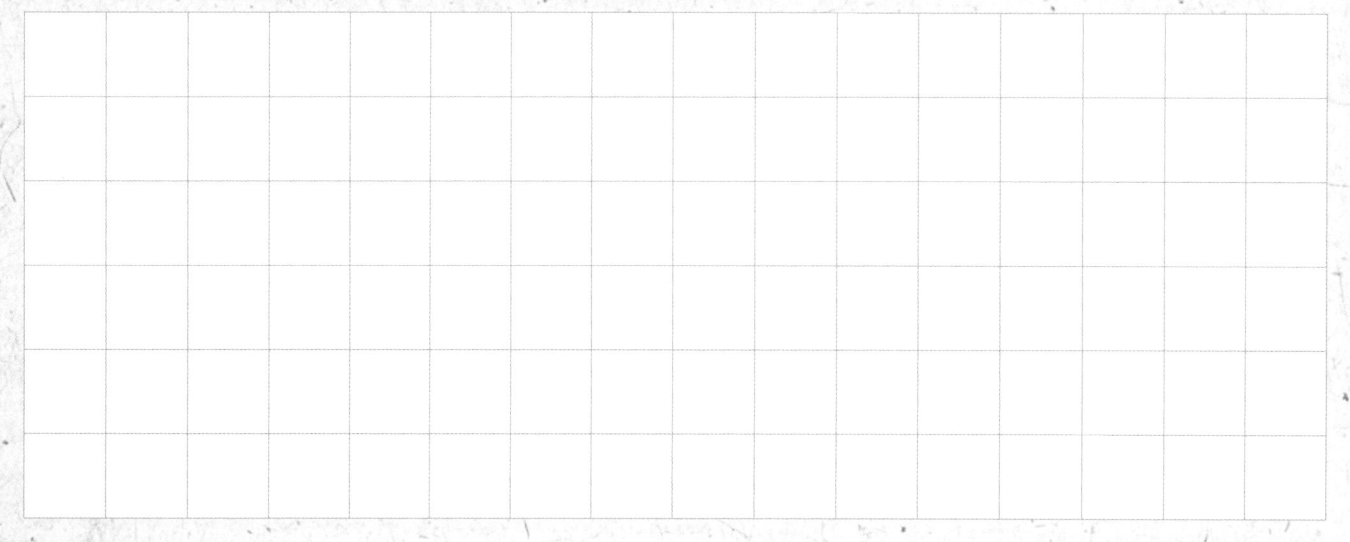

잘 될 때도 있고 안 될 때도 있으므로 그때그때 너무 반응할 필요는 없답니다. 처음이 어렵지만 곧 익숙해질 테고 그러면 편안해질 테니까요.

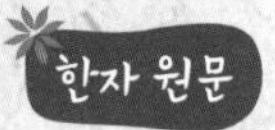

毋憂拂意 毋喜快心 毋恃久安 毋憚初難
무우불의 무희쾌심 무시구안 무탄초난

냉철한 눈으로 사람을 보고 냉철한 귀로 남의 말을 들어야 한다.
냉철한 감정으로 매사를 처리하며 냉철한 마음으로 도리를 생각해야 한다.

 예문을 따라 한 자 한 자 예쁘게 써 보세요.

냉철한 눈으로 사람을 보고 냉철한 귀로 남의 말을 들어야 한다. 냉철한 감정으로 매사를 처리하며 냉철한 마음으로 도리를 생각해야 한다.

 직접 써 보세요.

냉철한 마음은 곧 이성적인 마음이라고 해요.
우리가 살아가면서 이성적인 마음이 필요한 경우가 많답니다.

冷眼觀人 冷耳聽語 冷情當感 冷心思理
냉안관인 냉이청어 냉정당감 냉심사리

59 하루에 하나씩 함께 써 봐요!

어진 사람은 마음이 넓고 너그러워서 복이 많고 좋은 일이 오래가므로
하는 일마다 여유로운 기상이 있다.

예문을 따라 한 자 한 자 예쁘게 써 보세요.

	어	진		사	람	은		마	음	이		넓	고		너
그	러	워	서		복	이		많	고		좋	은		일	이
오	래	가	므	로		하	는		일	마	다		여	유	로
운		기	상	이		있	다	.							

직접 써 보세요.

마음이 어질면 모든 일이 다 잘 풀린다는 뜻이에요.
여러분도 어진 사람이 되기 위해 마음을 다잡아 보는 것은 어떨까요?

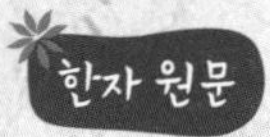

仁人心地寬舒 便福厚而慶長 事事成個寬舒氣象
인 인 심 지 관 서 변 복 후 이 경 장 사 사 성 개 관 서 기 상

입은 마음의 문이어서 엄하게 통제하지 않으면 중요한 비밀이 새어나가고,
뜻은 마음의 발이어서 엄하게 단속하지 않으면 나쁜 길로 빠지게 된다.

 예문을 따라 한 자 한 자 예쁘게 써 보세요.

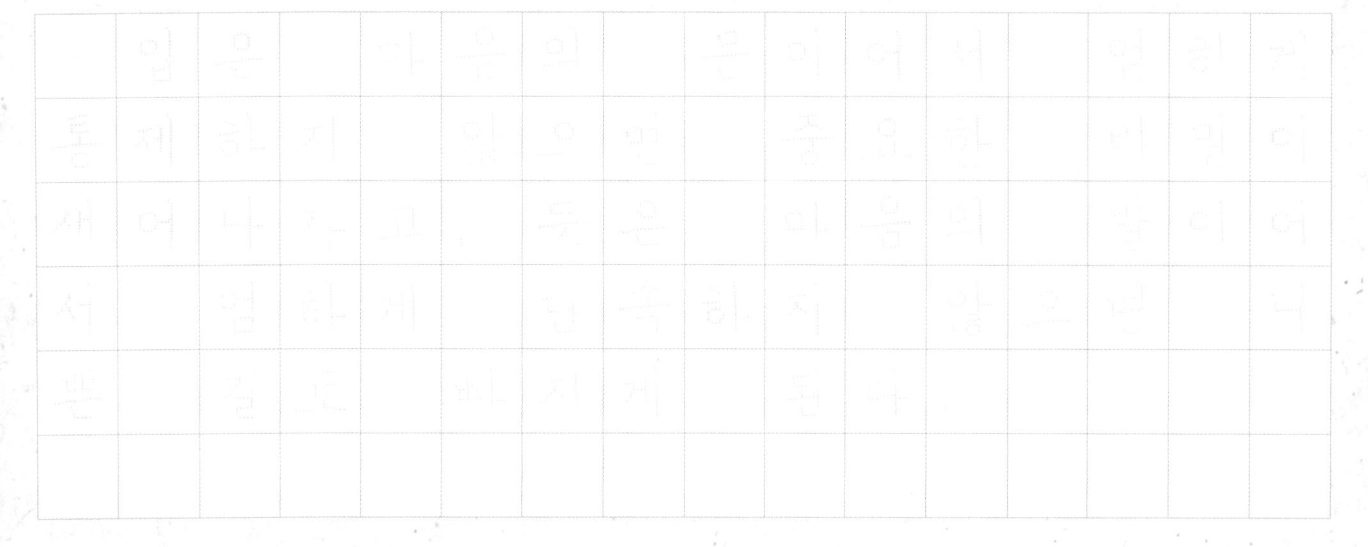

 직접 써 보세요.

여러분이 하는 말이 여러분의 마음을 드러내요. 그래서 입을 통해 나오는 말이 중요하답니다. 말을 소중히 여기는 사람이 되어 보세요.

口乃心之門 守口不密 洩盡眞機 意乃心之足 防意不嚴 走盡邪蹊
구내심지문 수구불밀 설진진기 의내심지족 방의불염 주진사혜

61 하루에 하나씩 함께 써 봐요!

월 일

마음이 한가로운 자는 하루가 오랜 세월보다 길고, 뜻이 넓은 자는 방 한 칸이 천지보다 넓다.

예문을 따라 한 자 한 자 예쁘게 써 보세요.

	마	음	이		한	가	로	운		자	는		하	루	가
오	랜		세	월	보	다		길	고	,	뜻	이		넓	은
자	는		방		한		칸	이		천	지	보	다		넓
다	.														

직접 써 보세요.

여러분이 어떻게 생각하느냐에 따라 나쁜 일도 좋은 일이 될 수도, 좋은 일이 나쁜 일이 될 수도 있답니다.

故機閒者一日遙於千古 意廣者斗室寬若兩間
고 기 한 자 일 일 요 어 천 고 의 광 자 두 실 관 약 양 간

마음이 넓으면 부귀도 질그릇같이 하찮게 보이고, 마음이 좁으면 사소한 일도 수레바퀴처럼 크게 보인다.

 예문을 따라 한 자 한 자 예쁘게 써 보세요.

마	음	이		넓	으	면		부	귀	도		질	그	릇
같	이		하	찮	게		보	이	고	,	마	음	이		좁
으	면		사	소	한		일	도		수	레	바	퀴	처	럼
크	게		보	인	다	.									

 직접 써 보세요.

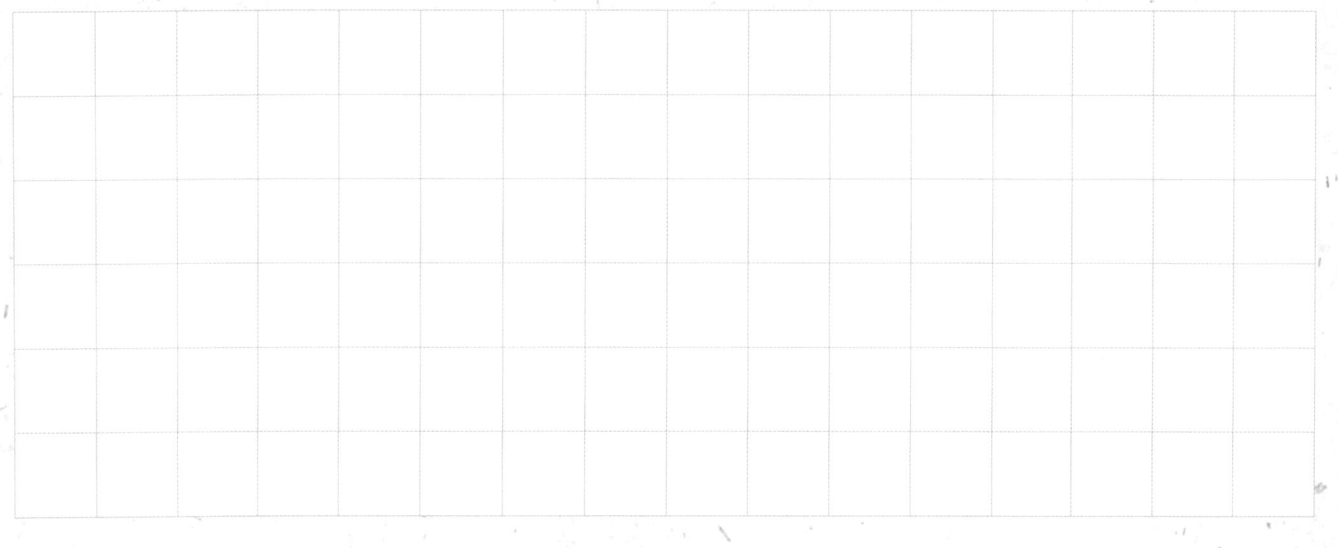

세상을 보는 눈은 내 마음가짐에 달려있어요. 부귀도 하찮게 만들고 사소한 것도 대단한 것으로 만들 수 있는 힘, 바로 내 마음입니다.

心曠則萬鍾如瓦缶 心隘則一髮似車輪
심 광 즉 만 종 여 와 부 심 애 즉 일 발 사 거 륜

63 하루에 하나씩 함께 써 봐요!

월 일

금은 광석에서 나오고 옥은 돌에서 나오니, 변화를 겪지 않으면 진짜 모습을 드러낼 수 없다.

예문을 따라 한 자 한 자 예쁘게 써 보세요.

	금	은		광	석	에	서		나	오	고		옥	은	
돌	에	서		나	오	니	,	변	화	를		겪	지		않
으	면		진	짜		모	습	을		드	러	낼		수	
없	다	.													

직접 써 보세요.

반짝반짝 빛나는 금도 원래는 한낱 돌덩이였다는 것을 알고 있나요?
자연의 오랜 풍파를 거치며 고귀한 모습으로 바뀐 거랍니다.

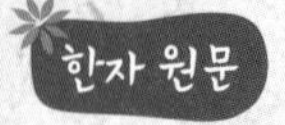

金自鑛出 玉從石生 非幻無以求眞
금자광출 옥종석생 비환무이구진

오래 엎드려 있던 새는 반드시 더 높이 날고, 먼저 핀 꽃은 스스로 일찍 진다.

 예문을 따라 한 자 한 자 예쁘게 써 보세요.

 직접 써 보세요.

오랫동안 준비한 사람이 더 좋은 성과를 낼 수 있어요.
당장 눈앞에 성과가 보이지 않는다고 조급해하지 말고 차근차근 준비해 보세요.

伏久者飛必高 開先者謝獨早
복 구 자 비 필 고 개 선 자 사 독 조

분수에 넘치는 복과 이유 없이 생긴 이익은 세상의 함정이니, 이때 조심하지 않는다면 꼬임에 빠지고 만다.

예문을 따라 한 자 한 자 예쁘게 써 보세요.

	분	수	에		넘	치	는		복	과		이	유		없
이		생	긴		이	익	은		세	상	의		함	정	이
니	,	이	때		조	심	하	지		않	는	다	면		꼬
임	에		빠	지	고		만	다							

직접 써 보세요.

노력하지 않고 공짜로 얻을 수 있는 것은 없어요.
공짜를 욕심내지 말고 노력하려는 마음가짐을 가져 보아요.

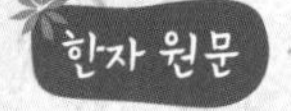

非分之福 無故之獲 卽人世之機阱 此處著眼不高 鮮不墮彼術中矣
비분지복 무고지획 즉인세지기정 차처착안불고 선불타피술중의

66 하루에 하나씩 함께 써 봐요!

월 일

다른 사람의 의심 때문에 자신의 의견을 굽히지 말고 자신의 생각에만 사로잡혀 남의 말을 버리지 마라.

예문을 따라 한 자 한 자 예쁘게 써 보세요.

다른 사람의 의심 때문에 자신의 의견을 굽히지 말고 자신의 생각에만 사로잡혀 남의 말을 버리지 마라.

직접 써 보세요.

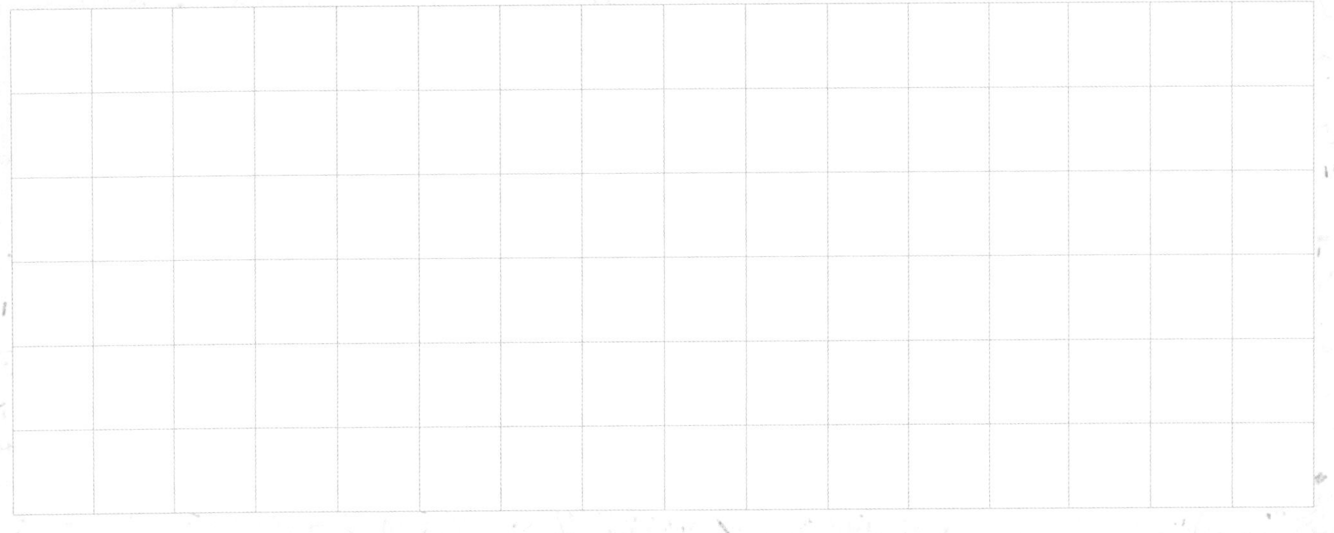

상황에 맞게 내 의견을 주장할 줄도 알고, 남의 말에 귀 기울일 줄 아는 사람이 정말 지혜로운 사람이겠죠?

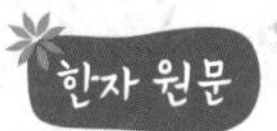

毋人群疑而阻獨見 毋任己意廢人言
무 인 군 의 이 조 독 견 무 임 기 의 폐 인 언

- HRS 학습센터는 어린이가 손으로(HAND), 반복해서(REPEAT), 스스로(SELF) 하는 학습법을 계발하고 연구하기 위해 모인 출판기획모임입니다.
- 이 책에 나오는 글귀는 원문의 참뜻을 잘 이해할 수 있도록 초등학생의 눈높이에 맞게 적절히 손보았음을 밝혀 둡니다.

어린이를 위한
채근담 따라쓰기

기획·엮음 HRS 학습센터

1판 1쇄 발행 2015년 3월 2일
1판 2쇄 발행 2022년 4월 25일

발행처 루돌프
발행인 신은영

등록번호 제2012-000136호
등록일자 2008년 5월 19일

주소 경기도 고양시 일산동구 위시티1로 7, 507-303
전화 (070)8224-5900 팩스 (031)8010-1066

값은 표지에 있습니다.
ISBN 978-89-98755-06-5 63710

이메일 coolsey2@naver.com